Flughäfen von oben

Andreas Fecker

Flughäfen von oben

Airports der Welt
aus aufregender
Perspektive

GeraMond

Condor
Lufthansa
Emirates
easyJet

Seite 2: **Berlin Brandenburg »Willy Brandt«**
ICAO: EDDB, IATA: BER
Der Hauptstadtflughafen Berlin Brandenburg »Willy Brandt« sollte die drei Berliner Airports Schönefeld, Tegel und Tempelhof ersetzen. Die beiden letzteren lagen in innerstädtischen Bezirken und waren deshalb sehr beliebt. Besonders gegen die Schließung des geschichtsträchtigen Flughafens Tempelhof gab es sogar weltweite Petitionen, über die sich die Politik jedoch hinwegsetzte. Abstimmungsberechtigt sollten nur Berliner Einwohner sein. Und hier ließ sich dann eine knappe Mehrheit für die Schließung erzielen.
Baubeginn für den BER war 2006, **geplante Aufnahme des Flugbetriebs war 2011**. Von da an wurde die Eröffnung mehrfach verschoben. Der TÜV gab die Brandschutzanlage nicht frei. In der Folge offenbarten sich immer mehr Baumängel, die die Fertigstellung weiter verzögerten. Nach jüngsten Berechnungen ist der Flughafen allerdings jetzt schon zu klein. Erweiterungsbauten sind bereits vorgesehen. Der Flughafen ist 24 Kilometer vom Stadtzentrum entfernt und wird auch einen militärischen Teil für die Flugbereitschaft der Regierung erhalten.

Terminals – 3
Start- und Landebahnen – 07L/25R (3600 m); 07R/25L(4000 m)

← Hamburg Airport »Helmut Schmidt«
ICAO: EDDH, IATA: HAM
Am 6. März 1910 hielt Ferdinand Graf von Zeppelin in der Hansestadt Hamburg eine Rede, in der er dafür warb, die Schifffahrt mit Luftschiffen zu ergänzen. Auf einer Feuchtwiese im Norden Hamburgs, nahe dem Dorf Fuhlsbüttel, entstand im Jahr darauf die erste Luftschiffhalle. Zwei Jahre später wurde das Areal um einen Flugplatz erweitert. Der Erste Weltkrieg verhinderte die lineare Fortentwicklung zu einem Passagierflughafen, zumal nach Kriegsende viele wichtige Bauten zerstört werden mussten. Im Mai 1945 übernahm die Royal Air Force den Flughafen und erlaubte wieder Passagierverkehr. **Während der Berlin-Blockade** betonierten die Engländer eine 2260 m lange Piste für die Versorgungsflüge in die eingeschlossene Hauptstadt.

Terminals – 2
Passagiere/Jahr – 17,3 Mio.
Start- und Landebahnen – 05/23 (3250 m); 15/33 (3666 m)
Flugbewegungen/Jahr – 156.000

INHALTSVERZEICHNIS

VORWORT

Drei Kilometer Autobahn bringen dich drei Kilometer weiter. Aber drei Kilometer Startbahn geben dir die ganze Welt. Bis sich jedoch ein Flugzeug auf der Startbahn aufstellen kann, benötigt es schon ein gerüttelt Maß an Infrastruktur: Von A wie Apron bis zu Z wie Zaun, vom Terminal bis zum Tanklager, von der Feuerwehr bis zum Forstwirt, vom Tower bis zum Taxiway, und tausend andere Dinge mehr. Architekten übertrumpfen sich mit waghalsigen Gebäuden, elegant geschwungenen Dächern, schlanken Kontrolltürmen, denn Flughäfen sind Aushängeschilder der Leistungsfähigkeit einer Stadt, einer Region, eines Landes. China baute in drei Jahren einen der größten Flughäfen der Welt, während Berlin verzweifelt versucht, deutsche Bauauflagen zu erfüllen und seit Jahren unter den ungläubigen Augen der Weltöffentlichkeit die Eröffnungstermine verschiebt. Andererseits wird sich das Reich der Mitte kaum um Bürgerproteste scheren, während zumindest in Deutschland Juchtenkäfer und Mopsfledermäuse Milliardenprojekte stoppen können.

Flughäfen sind weitläufige, hochkomplexe Anlagen. Sie funktionieren meist derart reibungslos, dass der Passagier nichts davon mitkriegt, was hinter den Kulissen abläuft, während er am Schalter eincheckt und sich zum Flugsteig begibt. Flughäfen sind Städte ohne Einwohner, in denen zigtausend Menschen Arbeit finden, es sind pulsierende Lebensquellen, oft 24 Stunden am Tag geöffnet. Flughäfen und deren Wachstum sind aber auch Zankäpfel, Reizthemen und Gegenstand von Anwohnerprotesten, besonders in Ballungszentren, obwohl genau diese Städte, die Wirtschaftsstandorte, ganze Regionen und Staaten auf sie angewiesen sind.

Ohne Frage sind Flughäfen auch ökologische Faktoren. Allein der Frankfurter Flughafen hat eine Fläche von rund 23 Quadratkilometern, davon entfallen auf die versiegelten Betriebsflächen etwa 18 Quadratkilometer. München beansprucht 16 Quadratkilometer Gesamtfläche.

Mein Beruf als Fluglotse und meine Arbeit als Buchautor haben mich schon zu vielen Flughäfen in allen Erdteilen geführt. Zu meinem Bedauern gönnt man uns Passagieren vor der Landung lediglich die begrenzte Sicht aus einem seitlichen Kabinenfenster. Mein Bedürfnis, all diese entgangenen Eindrücke visuell nachzuholen, kann ich in diesem Buch CO_2-frei und klimaneutral nachholen und in Ruhe genießen. Ich lade Sie als Leser ein, mich zu begleiten.

Andreas Fecker, im August 2020

Darmstadt Griesheim August Euler legte 1908 in Griesheim den ersten Flugplatz Deutschlands an. Er wurde 1945 von der US Army besetzt und bis 1992 als Darmstadt Army Airfield betrieben.

KURZE GESCHICHTE DER FLUGHÄFEN

↑↑ Prinzessin Viktoria Luise von Preußen stand 1911 Patin für das Luftschiff LZ 11. Der Zeppelin war 158 Meter lang und hatte einen Durchmesser von 14 Meter. Er wird gerade aus der Luftschiffhalle des **Flugplatzes Baden-Oos** gezogen. Das Foto entstand vermutlich im Jahr 1914, damals war das Flugfeld vier Jahre alt.

↑ Ein Flaggenmann gibt einer Ju 52 die Erlaubnis zum Start. Heute sitzen diese Fluglotsen trocken und geräuschgeschützt im rundum verglasten Tower.

Während die Amerikaner den ersten Motorflug der Gebrüder Wright von 1903 bestaunten, machte in Friedrichshafen Graf Ferdinand von Zeppelin erste Versuchsfahrten mit seinen Luftschiffen. Bald darauf gab es einen regen Zeppelinverkehr. Abgesehen von einem freien Feld benötigte man zur Landung als einzige Infrastruktur einen Ankermast. Am Bug des Luftschiffs war ein Seil angebracht, mit dem es verzurrt wurde, denn die windanfälligen Großkörper mussten sich 360° um den Masten drehen können. Dazu wurden zwischen 1910 und 1930 in vielen deutschen und europäischen Städten, wie auch im Ausland von Spitzbergen bis nach Brasilien, Ankermasten für Luftschiffe errichtet. Sogar der Mast auf der Spitze des Empire State Buildings war als Dockingstation vorgesehen, der 86. Stock war gar für Ticket-Schalter und Warte-Lounge samt Zollkontrolle vorbereitet. Wegen der widrigen Winde über den Häuserschluchten von Manhattan gab man diese Pläne jedoch wieder auf.

131 Luftschiffe bauten die Zeppelinwerften von Friedrichshafen. Gleichzeitig entstanden rund um die Welt Zeppelinhallen, so zum Beispiel in Hamburg-Fuhlsbüttel. Die Zeppeline verbanden im inländischen Linienverkehr Baden-Oos, Berlin, Düsseldorf, Dresden, Frankfurt am Main, Friedrichshafen, Gotha, Hamburg und Leipzig. Weiteren Verbindungen ins Ausland setzte der Erste Weltkrieg ein jähes Ende. Während des Krieges wurden die Luftschiffe als Waffenträger weiterentwickelt. Mit der Hindenburg-Katastrophe in Lakehurst am 6. Mai 1937 endete der Siegeszug der Luftschiffe um die Welt.

Parallel zu den Luftschiffen trieb man den Motorflug voran. Auch hier hatte die Kriegswirtschaft Vorrang. Während die Zeppeline seit 1909 kommerziell Passagiere transportierten, flog in den USA Abe Pheil, Bürgermeister von Tampa, als erster zahlender Passagier weltweit über die Tampa Bay. Start und Landung erfolgten auf dem Wasser in Ufernähe.

Flugfelder, Flugplätze, Verkehrsflughäfen, Verkehrslandeplätze

Durch den Ersten Weltkrieg stagnierte zwar die Fortentwicklung des Passagierluftverkehrs, doch für militärische Zwecke wurden jetzt überall Flugfelder angelegt. Unterschiedliche Quellen nennen als ältesten Flugplatz Deutschlands Griesheim bei Darmstadt (1908), Berlin-Johannisthal (30.10.1909) und Konstanz (05.01.1910). Hier muss man auf die luftrechtlichen Bezeichnungen achten. Tatsächlich hat August Euler 1908 in Griesheim Teile eines Exerzierplatzes gepachtet und dort Motorflugzeuge gebaut und getestet. Griesheim wurde 1945 von der US Army belegt und bis 1992 als Darmstadt Army Airfield betrieben. Inzwischen trägt er den offiziellen Namen August-Euler-Flugplatz. Auch Konstanz war ein Exerzierplatz. Später stufte man ihn als Verkehrslandeplatz ein, was luftrechtlich zwischen Flughafen und Segelflug-

1949: Kinder stehen auf dem Flughafen **Berlin-Tempelhof** und sehen der Landung eines US-Transportflugzeuges zu. Von Juni 1948 bis Mai 1949 wurde Westberlin über die sogenannte Luftbrücke versorgt. Nach der Währungsreform in den drei westlichen Besatzungszonen hatten die Sowjets jeden Personen- und Güterverkehr von und nach Westberlin auf dem Land- oder Wasserweg blockiert.

gelände liegt. Verkehrslandeplätze besitzen einen ICAO Code und unterliegen wie Verkehrsflughäfen einer Betriebspflicht innerhalb der publizierten Öffnungszeiten. Es gab eine Periode, in der große Wasserflugzeuge Konjunktur hatten. Curtiss, Boeing, Saunders, Short, Dornier und Martin bauten Verkehrsflugboote, die in Hafenstädten oder auf Flüssen starteten, um beispielsweise in die Karibik, nach Afrika oder zum pazifischen Inselreich zu fliegen. PanAm und BOAC erschlossen mit der Boeing 314 exotische Reiseziele in Südostasien und im afrikanischen Commonwealth.

Airport-Namen

Einst benannte man einen Flughafen ganz einfach nach der Stadt, zu der er gehörte. Das war bei Städten wie Natchitoches in Louisiana (gesprochen: nakedesch) nicht immer ganz einfach. »Willkommen in Truth or Consequences«, einer Stadt in New Mexico, wird man heute nicht mehr oft hören, seit Delta Air Lines seine Verbindungen dorthin gestrichen hat. Der Name kommt von einer Quizshow, der Airport hat aber immerhin fünf Runways, auch wenn nur eine davon asphaltiert ist. Die Einwohner nennen ihre Stadt »T-or-C«. Fliegt man nach Maes Awyr Caerdydd im britischen Wales, wird man sich mit dem vereinfachten Namen Cardiff wohl leichter tun. Eine andere Stadt in Wales könnte für manchen Flugbegleiter ein guter Grund sein, sich vor dem Flug dorthin krank zu melden oder gleich bei einer anderen Airline anzuheuern: »Ladies and Gentlemen, wir sind soeben in Llanfairpwllgwyngyllgogerychwyrndrobwllllantysiliogogogoch (gesprochen: Vergessen Sie es!) gelandet«. Das geht eben nicht so leicht von der Zunge. Gut, dass man den Flughafen 11 Kilometer weit weg gebaut hat, nahe einem kleinen Dorf namens »Mona«.

Gerne ehrt man (meist posthum) wichtige Persönlichkeiten und macht ihre Namen spätestens jetzt überregional bekannt. Verdiente Luftfahrtpioniere wird man hier nur wenige finden. Die Gebrüder Wright mussten für einen Kleinflughafen in Dayton herhalten, Amelia Earhart wird mit einem kleinen Flugfeld in Kansas bedacht. Charles Lindbergh steht für den Flughafen von San Diego. Schließlich flog er von dort an die Ostküste, bevor er den Atlantik überquerte. Tegel war oder ist nach Otto Lilienthal benannt, was leider nur wenigen Enthusiasten bewusst ist. Für unsere Elly Beinhorn reichte es trotz all ihrer Leistungen nur zu einer Lounge am Flughafen Stuttgart, während man ihren australischen Zeitgenossen Kingsford Smith in Sydney mit einem Großflughafen ehrte. Der relativ unbekannte Marineflieger Edward»Butch« O'Hare wurde in Chicago quasi unsterblich. Neil Armstrong war zwar Pilot und der erste Mensch auf dem Mond, er bekam aber gerade mal den nicht gerade bedeutenden Flughafen von Auglaize County in Ohio mit einer 1600-Meter-Piste, weil sein Geburtsort Wapakoneta in diesem Regierungsbezirk liegt. Dafür benannte man einen Krater auf dem Mond nach ihm, und der hat immerhin 4 Kilometer Durchmesser. Yuri Gagarin kam in seiner Geburtsstadt Orenburg zu Ehren, obwohl er nur 1 Stunde und 48 Minuten im Weltraum verbracht hatte. Aber er war immerhin der erste.

Galileo Galilei findet man auf dem Flughafen von Pisa, Kopernikus in Breslau, Cristoforo Colombo natürlich in seinem Geburtsort Genua. Leonardo da Vinci wurde nicht in Rom geboren, sondern wie der Name schon sagt, in Vinci in der Toscana. Aber natürlich prägte er die Kultur Roms, weshalb man den römischen Flughafen Fiumicino nach ihm umbenannte. Epochale Kartografen wie Mercator, Mollweide oder Lambert sucht man vergeblich. Der Lambert-St. Louis-Airport ist nämlich nach dem Golfspieler Albert Bond Lambert benannt, der 1904 für die USA die olympische Silbermedaille gewann. Heute nennt man einen Zweitplatzierten in den USA schon mal einen Loser und wird ihn erst recht nicht mit einem Flughafen ehren. Cristiano Ronaldo wurde in Madeira vorerst unsterblich. Ganz schlecht sieht es für Dichter und Denker aus. Es gibt weder einen Goethe-, einen Kant-, noch einen Schiller-Flughafen in Deutschland, noch einen Aéroport de Victor Hugo in Frankreich. Der Versuch, den Flughafen von Birmingham in Shakespeare-Airport umzutaufen, scheiterte wiederholt am Protest der Bevölkerung. Immerhin gibt es den Robin Hood Airport in Doncaster Sheffield. Und Ian Fleming, der geistige Vater von James Bond 007, wurde in Boscobel, Jamaica verewigt.

Auch Musiker haben es schwer. 25 Millionen Elvis-Fans pilgerten bereits nach Graceland bei Memphis, und trotzdem wird der Airport noch immer nicht nach Elvis Presley benannt, während John Lennon längst in Liverpool unsterblich ist. In Nashville will man keinen der vielen Country-Sänger verprellen, die regelmäßig in der Grand Ole Opry auftreten. Wolfgang Amadeus Mozart steht für Salzburg, Chopin für Warschau, Giuseppe Verdi für Parma, Louis Armstrong natürlich für New Orleans. Fehlanzeige für Namen wie Bach, Beethoven, Händel oder Vivaldi. Es gibt zwar einen Wagner Airport, aber der liegt in South Dakota und erinnert an einen Postmaster. Immerhin hat der tschechische Komponist Leos Janacek den Nestor der Psychoanalyse Sigmund Freud übertrumpft, als ein Name für den Ostrava International Airport gesucht wurde. Die Ukraine hatte für Sergey Prokovief den Flughafen von Donetsk ausgesucht.

Malern, Philosophen und Naturwissenschaftlern bleiben allenfalls Museen, Konzerthallen oder Straßennamen statt Flughäfen. Über Hollywood haben es John Wayne (Orange County, L.A.), Bob Hope (Burbank, L.A.) und Ronald Reagan (Washington D.C.) geschafft, letzterer wohl eher als Präsident. Airports sind halt offenbar Domäne regionaler Politiker. Statt Atlanta nach den Bürgermeistern Heartfield und Jackson zu benennen, hätte man vielleicht einen Martin Luther King bedenken können? Immerhin hat auch Stuttgart seinen Rommel-Airport nicht nach dem Wüstenfuchs benannt, sondern nach einem verdienstvollen Oberbürgermeister mit 22 Amtsjahren. Welche Fußstapfen haben die Senatoren Ebert Douglas (Charlotte), Pat McCarran (Las Vegas) oder Ted Stevens (Anchorage) in der Menschheitsgeschichte hinterlassen? In Ulan Bator landet man am Chinggis Khaan International Airport, in München bei Franz-Josef Strauß. Danzig erinnert an Lech Walesa. Papst Johannes Paul II. steht auf dem Willkommensschild in Ponta Delgada auf den Azoren.

Für Regierungschefs und Staatspräsidenten sind die Aussichten eben unterschiedlich. Aus Hamburg-Fuhlsbüttel wurde jüngst ein Helmut-Schmidt-Flughafen, Köln/Bonn ist nach Konrad Adenauer benannt, der BER nach Willy Brandt. Ob Düsseldorf jemals einen Johannes-Rau-Airport bekommt, ist derzeit noch fraglich. Vollkommen unter Wert widmen die niederländischen Antillen F. D. Roosevelt eine 1300-Meter-Piste, während Charles de Gaulle in Paris heute als Flughafen sicherlich bekannter ist als sein Namenspatron. In New York City hat es natürlich John F. Kennedy geschafft. Hier reicht sogar JFK, und man weiß, wo das ist. Es gibt auch zehn Johnson-Airports in den USA. Welcher davon nach dem ehemaligen Präsidenten benannt ist, mag jeder selbst herausfinden. George Bush (Senior) sonnt sich jedenfalls in Houston TX, Jimmy Carter auf einem Regionalflughafen in Americus GA, Abraham Lincoln in Springfield Illinois, Ronald Reagan, siehe oben. Bill & Hillary Clintons Namen schmücken den Airport von Little Rock, und das ist immerhin die Hauptstadt von Arkansas. Montreal ehrte Pierre Elliott Trudeau. In Sri Lanka gedenkt man der Regierungschefin Bandaranaike, in Bremen dem berühmten Sohn und Bürgermeister der Stadt Hans Koschnik.

Manchmal wendet sich auch das politische Blatt, wie zum Beispiel in Johannesburg, wo man den Namen des Apartheidpolitikers Jan Smuts durch Oliver Tambo ersetzte. Praia auf den Kapverden kam Kapstadt mit dem Nelson-Mandela-Airport zuvor. Diktatoren lesen gerne ihren Namen am Flughafen ihrer Hauptstadt, schon, weil sie sich denken können, dass er bald durch den Namen eines Putschgenerals ersetzt wird. Es gibt auch schon einen Hugo-Chavez-International-Airport, ausgerechnet in Haiti, dem ärmsten Staat in der Karibik. Falls jemand verdrängt hat, wer Chavez war: Er hat innerhalb von 15 Jahren Venezuela vom reichsten Land Südamerikas zum Armenhaus gemacht. Wenn das nicht Grund genug ist, einen Flughafen nach ihm zu benennen!

In Argentinien wurden zahlreiche Flughäfen nach Generälen benannt: Brigadier Antonio Parodi Airport, Brigadier General Bartolomé de la Colina, General Alvear, General Enrique Mosconi, General Justo José de Urquiza Airport, General Pico, Teniente General Benjamín Matienzo International oder General Roca Airport, um nur einige zu nennen. Die dazugehörigen Städte sind nicht Teil des Namens. Auch Ministri, Commandanti, Vicecommandanti und Coronelli sind verewigt. Das mag gut sein für das eponymische Ego der Namensgeber, aber es trägt nichts zur geografischen Orientierung bei.

Blick auf die Gebäude und das Rollfeld des Flughafens **Hamburg-Fuhlsbüttel** im Jahr 1955. Nahezu 80.000 Flugzeuge wurden hier seit Oktober 1950 abgefertigt, 130.000 Tonnen Fracht und Post umgeschlagen und 1,4 Millionen Passagiere betreut. Die Hamburger Flughafenverwaltung hatte 1950 die Verwaltung des Flughafens aus britischer Hand übernommen.

MERKMALE EINES FLUGHAFENS

Gelände
Ein einfacher Flughafen besteht aus einer Piste, einem Rollweg und einem Vorfeld.Eine typische Landepiste (Runway) für regionalen Jet-Flugbetrieb ist zwei Kilometer lang und etwa 60 Meter breit. Der Rollweg (Taxiway) verläuft parallel zur Runway und ist mindestens 25 Meter breit. Etwa 90 Meter Sicherheitsabstand müssen dazwischen liegen. Da die Flugzeuge zum Tanken und Be- und Entladen für mindestens eine Stunde geparkt werden müssen, benötigt man ein asphaltiertes Vorfeld, dessen Fläche dem geplanten Verkehrsaufkommen entspricht. Also wird mitsamt einem Abfertigungsgebäude der Flächenbedarf etwa 400.000 Quadratmeter betragen.Große interkontinentale Flughäfen haben eine Fläche von bis zu 10 Quadratkilometer.

Freiflächen
In unmittelbarer Nähe der Pisten, besonders im An- und Abflugsektor, dürfen keine Gebäude stehen. Bevorzugt wird Grasland oder niedriger Wald.

Pisten
Kennzeichnend für eine Piste ist vor allem die Tragkraft. Für eine Piste, auf der schwere Flugzeuge landen sollen, muss ein meterdicker Unterbau gelegt werden. Zu unterst ist Kiessand, darüber eine Schicht Beton, dann folgen mehrere Asphaltschichten unterschiedlicher Konsistenz. Oben drauf wird eine Bitumenschicht aufgetragen, die die Bremswirkung vergrößert und Aquaplaning weitgehend verhindert.

Zäune
Zäune sollen Sicherheit gegen unbefugtes Betreten bieten, aber auch Wild vom Flughafen weghalten. In Verlängerung der Pisten dürfen sie eine bestimmte Höhe nicht überschreiten.

Befeuerung
Pisten haben eine weiße bi-direktionale Randbefeuerung über ihre gesamte Länge, eine am Aufsetzpunkt quer verlaufende Schwellenbefeuerung mit grünen Lichtern, weiß-grün-rote Gleitwinkel-Befeuerung rechts und links daneben. Vor der Piste führt eine weiße Anflugbefeuerung mit einer Mittellinie, die rund einen Kilometer in den Anflugsektor hineinreich,t zum Aufsetzpunkt. Rote Lichter markieren das Pistenende. Außer der Pistenrandbefeuerung sind diese Lichter nur aus der Anflugrichtung sichtbar. Rollweglichter sind blau und omni-direktional, Kurven werden mit grünen Unterflurlichtern gekennzeichnet. Alle Hindernisse tragen ein rotes Warnlicht. Fahrzeuge im Flugbetriebsbereich ein gelbes Blinklicht.

Navigationshilfen
Die zeitgemäße Navigation basiert auf GPS. Da dies jedoch wegen militär-strategischer Vorbehalte der Amerikaner mit einer künstlichen Ablage versehen ist, kann man sich darauf bei Präzisionslandungen nicht verlassen, solange die Europäer kein eigenes System am Himmel haben. Es gibt daher an jedem Airport eigene Navigationsanlagen, die je nach Ausstattung automatische Landungen auch bei Nebel zulassen.

Schilder
Je komplizierter ein Flughafen ist, umso wichtiger sind die Schilder, die an den Rollwegen und Startbahnen aufgestellt sind.

Tanklager, Kerosinfarmen
Flughäfen halten Millionen von Tonnen an Kerosin vorrätig. Das Tanklager des Rhein-Main Airport in Frankfurt hat in zehn großen Behältern insgesamt 186 Millionen Liter Sprit vorrätig. Außerdem ist der Flughafen an mehrere Pipelines angeschlossen.

Flughafengebäude
Abflughalle mit überdachter Vorfahrt, Airline-Schalter, Gepäckannahme, Wartezonen, Zoll, Sicherheitsschleuse, Flugsteige, Imbiss, Sanitärbereiche, Geschäfte. Ankunftshalle mit Gepäckausgabe, Mietwagenschalter, Sanitärbereich. Verwaltung mit Verkehrssteuerung, Flugsicherung, Wetter, Briefingräume.

Flughafenfeuerwehr
Dieses Gebäude muss im Flugbetriebsbereich stehen. Die Fahrzeuge müssen von dort innerhalb von 90 Sekunden jeden Ort auf den Flugbetriebsflächen erreichen können. Ist das nicht möglich, müssen weitere Einsatzfahrzeuge an strategischen Orten disloziert werden. Größe, Ausrüstung und Löschmitteltanks richten sich nach dem größtmöglichen Flugzeug, das den Airport benutzen kann.

Fluggastbrücken
Die Verbindung zwischen dem Abflug-Gate und dem Flugzeug wird gemeinhin durch eine Brücke hergestellt. Ein- und Aussteigen über die Brücke beschleunigt den Vorgang und verkürzt die Bodenzeiten eines Flugzeugs zwischen Landung und Start. Die Passagiere müssen nicht über Treppen aufs Vorfeld und dann wieder über die Treppe ins Flugzeug.

Tower
Sichtbares Herzstück eines jeden Flughafens ist der Kontrollturm. Hoch über dem Boden ermöglicht die Rundumverglasung einen meist ungehinderten Überblick über den gesamten Flughafen und den Luftraum darum herum. Die Fluglotsen verfügen über zahlreiche Funkgeräte und Kommunikationsmittel sowie ein Nahbereichs- oder Bodenradar. Sie sorgen in Verbindung mit ihren Kollegen in der Anflugkontrolle für einen sicheren und geordneten An- und Abflug der Flugzeuge sowie für zügige Rollfreigaben. Auf großen Flughäfen mit vielen Rollwegen und Abflugsteigen übernimmt letzteres die Vorfeldkontrolle.

Verkehrssteuerung
Der Verkehrsleiter trifft zum Teil weitreichende Entscheidungen bei Zwischenfällen mit Passagieren, Logistik, Wetter oder Airlines. Besonders bei schlechtem Wetter und auftretenden Verzögerungen ist der Verkehrsleiter gefragt.

Schneeräumgerät
Schneefall soll den Flugbetrieb so wenig wie möglich beeinträchtigen. Daher muss vorbeugend Enteisungsmittel gesprüht werden. Große Airports besitzen dafür eine Sprühanlage. Sobald der Schnee liegen bleibt, muss geräumt werden. Dazu fahren mehrere Räumfahrzeuge mit Schneeblechen nebeneinander her. Hinter sich ziehen sie Walzenkehrmaschinen, die den Schnee aus der groben Körnung des Anti-Rutschbelages herausbürsten.

Flugzeugenteisung
Flugzeuge müssen bei kaltem Wetter vor dem Start enteist werden. Dies kann entweder mit Enteisungsfahrzeugen auf dem Vorfeld oder mit einer Enteisungsanlage in einer Wartezone nahe der Startbahnköpfe geschehen. In beiden Fällen muss eine Drainage das Enteisungsmittel auffangen, damit es nicht ins Grundwasser gerät.

Flugzeughallen
Beheizbare Flugzeughallen dienen dazu, kleine Wartungsarbeiten durchzuführen, ohne durch Wind und Wetter beeinträchtigt zu werden.

Wetterberatung
Die örtliche Wetterberatung ist nicht nur für die Piloten wichtig, sondern ganz besonders für die Verkehrsplaner. Sie liefern außerdem örtliche Wetterdaten an den nationalen Wetterdienst. Während früher der örtliche Meteorologe die gesamte Streckenberatung für eine Besatzung durchgeführt hat, geschieht dies auf neueren Flughäfen mittlerweile zentral über einen Selbstbriefing-Kiosk.

Sicherheitsschleusen
Spätestens seit dem 11. September 2001 werden Passagiere auch auf kleinen Flughäfen mit verschiedenen Geräten auf Waffen, Flüssigkeiten und spitze Gegenstände geprüft. Das Handgepäck wird geröntgt, die Passagiere müssen durch eine elektromagnetische Schleuse. Letzter Stand der Technik ist der sogenannte »Nacktscanner«, der ein ziemlich deutliches Bild der durchleuchteten Person ohne Kleidung liefert.

Gepäcksteuerung
Abfluggepäck muss in der richtigen Maschine landen, ankommendes Gepäck an der Gepäckausgabe, Umsteigergepäck in der richtigen Anschluss-Maschine. Je größer der Airport, umso aufwendiger die Steuerung. Auf den Mega-Airports der Welt sorgen vollautomatisierte Anlagen mit kleinen Gepäckwagen und vielen Kilometern Schienen für eine mehr oder weniger reibungslose Beförderung.

Parkhaus, Parkflächen
Menschen, die mit dem Auto ankommen, um einen Tag oder eine Woche oder länger zu verreisen, müssen ihren Wagen unterstellen können. Dabei wird unterschieden zwischen Stellflächen für Abholer, Kurzparker und Langzeitparker. Außerdem muss auch Parkraum für die Mitarbeiter des Flughafens vorhanden sein.

Einzig in der Welt waren in Tempelhof die überdachten Flugsteige, wo Passagier- und Postflugzeuge witterungsgeschützt be- und entladen werden konnten.

(34) Kangerlussuaq liegt an der Westküste Grönlands, das geografisch zum nordamerikanischen Kontinent gehört, kulturell und politisch aber Europa zuzuordnen ist.

EUROPA

Europa

Mehr als sonst wo auf der Welt legt man in Europa großen Wert auf eine gute Anbindung der Flughäfen mit dem meist dichten Netz des öffentlichen Personenverkehrs. Von einigen Ausnahmen abgesehen, hat sich der Bau von Erlebnisflughäfen im alten Kontinent nicht durchgesetzt. Vielmehr müssen sie funktional sein, nüchtern im Aussehen, keine Protzbauten, mit möglichst kurzen Wegen. Ein dichtes Netz an Flugrouten und eng getakteten Direktverbindungen in möglichst jede wichtige Stadt Europas soll den Geschäftsverbindungen innerhalb der EU entgegenkommen. 700 Millionen Europäer haben die Möglichkeit, unkompliziert und innerhalb weniger Stunden auch die entfernteren Orte des Kontinents zu erreichen.

Düsseldorf

ICAO: EDDL, IATA: DUS

Auch in Düsseldorf begann die Fliegerei mit dem Bau der ersten Luftschiffhalle im Jahr 1911. **Erst 1927 wurde das Flugfeld für Passagiermaschinen erweitert.** Auf dem Flugplatz lagen während des Zweiten Weltkriegs mehrere Bomber- und Jagdgeschwader. Er wurde deshalb immer wieder bombardiert, zuletzt am 23. Dezember 1944. Dabei wurden alle Hallen zerstört. Nach dem Krieg rückten Amerikaner und Briten ein und nutzten die nicht zerstörten Gebäude als Unterkünfte. Auch der Flughafen wurde wieder benutzbar gemacht und 1950 an die Bundesrepublik übergeben.

1996 entstand durch Schweißarbeiten ein Brand in einer Zwischendecke, der sich bis in die Ankunftshalle durchfraß. 17 Menschen starben, 88 erlitten schwere Verletzungen. Um die Jahrtausendwende folgte ein Totalumbau des Flughafens mit Erweiterung um eine Airport City.

Terminals – 3
Passagiere/Jahr – 25 Mio.
Start- und Landebahnen – 05R/23L (3000 m); 05L/23R (2700 m)
Flugbewegungen/Jahr – 225.000

→ München »Franz Josef Strauß«

ICAO: EDDM, IATA: MUC

München ist nach Frankfurt der zweitgrößte Flughafen Deutschlands. Der alte Flughafen München-Riem wurde durch das Wachstum der Stadt immer mehr umklammert. Nach zwei tragischen Unfällen wuchs auch das Bedürfnis der Bürger nach einer Verlegung. Im Erdinger Moos fand man genügend freie Fläche, auch wenn es einst als Nebelloch berüchtigt war. Durch eine intelligente Wasserwirtschaft konnten diese Probleme weitgehend behoben werden. Die Terminals und das Management bereiteten den Boden für ein rapides Wachstum. Wegen der Entfernung zur City von 29 Kilometer siedelten sich viele Mitarbeiter und Zulieferer in Flughafennähe an, was wiederum für Protestpotenzial sorgt. **München kämpft derzeit um eine dritte Startbahn**, um das Verkehrswachstum abbilden zu können.

Terminals – 2
Passagiere/Jahr – 48 Mio.
Start- und Landebahnen – 08R/26L (4000 m); 08L/26R (4000 m)
Flugbewegungen/Jahr – 417.000

Frankfurt »Rhein-Main«

ICAO: EDDF, IATA: FRA

Über keinen deutschen Flughafen gab es **so viele Kontroversen** wie über Frankfurt. Es begann 1912 mit einem Luftschiffhafen in Frankfurt-Bockenheim. Der Zeppelin Viktoria Luise war hier stationiert. Bald wurde das Gelände auch um einen Start- und Landeplatz für Flugzeuge erweitert, doch das Flugfeld stieß damals schon an seine Grenzen. 1933 wurde er an die heutige Stelle verlegt, 12 Kilometer von der Stadtmitte. Ab 1937 diente Frankfurt als Heimathafen für die Luftschiffe LZ 127 Graf Zeppelin und LZ 129 Hindenburg. Somit war eine regelmäßige Transatlantikverbindung geschaffen. Auch der Flugzeugverkehr nahm zu und verband Frankfurt mit allen europäischen Großstädten. Der Passagierverkehr kam 1939 weitgehend zum Erliegen. Während des Krieges waren hier Jagd- und Kampfgeschwader stationiert. Die Amerikaner rückten nach dem Krieg ein und bauten den Rhein-Main Airport für ihre Zwecke aus. Auf dieser Air Base begann 1948 die Luftbrücke nach Berlin, was heute noch mit einem Denkmal in Frankfurt und Berlin-Tempelhof dokumentiert ist.

1984 nahm der Flughafen die neue Startbahn West in Betrieb. Das Projekt hatte die Gerichte zehn Jahre lang beschäftigt und erbitterten Widerstand hervorgerufen. Längst war Frankfurt zum Finanzplatz und Wirtschaftszentrum herangewachsen, 200 Banken aus aller Welt haben hier ihre Repräsentanzen, die wichtigsten Messen finden hier statt. Das zieht viel Verkehr an, Frankfurt wurde Deutschlands Tor zur Welt. Um das Wachstum zu ermöglichen, verlegte man ein Chemiewerk und baute die Nordwestbahn, die nur für Landungen vorgesehen ist. Ein drittes Terminal soll die Passagierströme entflechten.

Terminals – 2 (3. im Bau) Passagiere/Jahr – 70 Mio.
Start- und Landebahnen – 07R/25L (4000 m); 07C/25C (4000 m); 07L/25R (2800 m); 18 (nur Starts) (4000 m)
Flugbewegungen/Jahr – 214.000

easyJet

Stuttgart »Manfred-Rommel-Flughafen«

ICAO: EDDS, IATA: STR

Der Flughafen liegt 12 Kilometer von der Stadtmitte entfernt. Er ist seit 1936 an diesem Standort bei Echterdingen. Er ist bis heute der einzige deutsche Verkehrsflughafen dieser Größe, der nur eine Piste hat. Man rechnet daher damit, dass seine Kapazität bald erschöpft ist. Der Bau einer zweiten Piste ist in Planung. Dazu muss jedoch die Autobahn mit zwei Rollwegbrücken gequert werden.

Terminals – 4
Passagiere/Jahr – 13 Mio.
Start- und Landebahnen – 07/25 (3345 m)
Flugbewegungen/Jahr – 137.000

→ Wien »Schwechat«

ICAO: LOWW, IATA: VIE

Der Flughafen liegt 18 Kilometer südöstlich der Stadtmitte von Wien. Er wurde 1938 von der deutschen Luftwaffe nach dem Anschluss Österreichs an Nazi-Deutschland angelegt. Nach dem Krieg besetzten die Siegermächte Österreich. Wie in Deutschland wurde sowohl das Land als auch die Hauptstadt in vier Sektoren aufgeteilt. Die Flughäfen Wien-Schwechat, Graz und Klagenfurt lagen fortan im britischen Sektor, die Franzosen sicherten sich neben Innsbruck ein Mitbenutzungsrecht am Flughafen Wien-Schwechat, während die Amerikaner die Flughäfen Linz, Salzburg und Langenlebarn besetzten. Zusätzlich legten die Amerikaner und die Briten Stadtflughäfen in ihren Wiener Besatzungszonen am Ufer des Donaukanals und in Schönbrunn an. Wegen Österreichs Nachkriegsneutralität bildete sich ein Schwerpunkt für Flugverbindungen in den Ostblock, der bis heute anhält und woraus auch Verbindungen in den Balkan und den Nahen und Mittleren Osten entstanden sind.

Terminals – 2
Passagiere/Jahr – 32 Mio.
Start- und Landebahnen – 11/29 (3500 m); 16/34 (3600 m)
Flugbewegungen/Jahr – 267.000

Innsbruck »Kranebitten«

ICAO: LOWI, IATA: INN

1946 legte die französische Armee den Grundstein für den Flughafen westlich von Innsbruck. Er liegt landschaftlich reizvoll im Inntal auf einer ehemaligen Sandbank. Die alpine Lage, die Innsbruck bereits zweimal die Olympischen Winterspiele bescherten (1964 und 1976), wirkt sich aber auf die Verfahren aus, denen die Flugzeuge beim An- und Abflug folgen müssen. Abflüge erfolgen entgegen der Anflugrichtung. Das limitiert die Anzahl der Flugbewegungen pro Tag. Da die Piste nur 2000 Meter lang ist, und man jederzeit einen Startabbruch einkalkulieren muss, können mittelgroße Maschinen wie Boeing 737 oder Airbus A320 **nicht nach Belieben vollgetankt werden**. Das wiederum wirkt sich auf die Reichweite aus. Außerdem spielen Luftdruck, Temperatur und Windverhältnisse eine viel stärkere Rolle als bei Flughäfen mit einer weniger anspruchsvollen Topografie. Um die Aufsetzzone am westlichen Pistenende sicherer zu machen, wurde der Fluss um 80 Meter nach Westen verlagert.

Terminals – 1
Passagiere/Jahr – 1,3 Mio.
Start- und Landebahnen – 08/26 (2000 m)
Flugbewegungen/Jahr – 12.000

Samedan

ICAO: LSZS, IATA: SMV

Samedan im Oberengadin ist der **höchstgelegene Regionalflughafen** Europas (1707 m ü. d. M.). Schon 1926 landeten hier Flugzeuge auf einem gefrorenen See bei St. Moritz. Seit 1937 gab es eine Graspiste der Schweizer Armee. Natürlich wird dieser Flugplatz gerne von VIPs mit Business-Jets angeflogen, bisweilen sogar direkt aus den USA. Die Kürze der Startstrecke reicht jedoch nicht für Langstreckenjets, die größer sind als Boeing 737 oder Airbus A320.

Terminals – 1
Passagiere/Jahr – 0,03 Mio.
Start- und Landebahnen – 03/21 (1800 m)
Flugbewegungen/Jahr – k.A.

Zürich »Kloten«

ICAO: LSZH, IATA: ZRH

Einer der besten Flughäfen Europas, urteilten weltweit führende Unternehmensberatungen der Reisebranche über Zürich-Kloten. In Dübendorf begann 1909 das Schweizer Abenteuer mit einem gemischten militärischen/zivilen Flugbetrieb. 1919 begann die Fluggesellschaft Ad Astra Aero Passagiere zu befördern, die dann in die Swissair überging. 1940 fand man sieben Kilometer nordwestlich bei Kloten einen geeigneteren Standort für einen großen Flughafen. Verschiedene Lärmschutzauflagen führen zu zeitlichen Einschränkungen in der Nutzbarkeit bestimmter Pisten und der dazu gehörenden Anflugrouten. Dazu trugen unter anderem sogar **Fluglärmproteste** aus dem süddeutschen Hochschwarzwald bei. Die Anflugkontrolle in diesem Luftraum wurde an die Schweiz delegiert.

Terminals – 2
Passagiere/Jahr – 32 Mio.
Start- und Landebahnen – 10/28 (2500 m); 14/32 (3300 m); 16/34 (3700 m)
Flugbewegungen/Jahr – 278.000

Sion

ICAO: LSGS/LSMS, IATA: SIR

Der Flughafen von Sion (fr) oder Sitten (de) ist ein Airport in der Südschweiz, der **sowohl zivil als auch militärisch** genutzt wird und deshalb auch zwei unterschiedliche ICAO-Codes hat. Er wurde 1935 angelegt. Saisonal werden Passagierflüge nach Zürich und London Heathrow von Helvetic Airlines und der Swiss International durchgeführt.

Terminals – 1
Passagiere/Jahr – 0,024 Mio.
Start- und Landebahnen – 07R/25L (2000 m); 07L/25R (Gras) (660 m)
Flugbewegungen/Jahr – 36.000

→ Dübendorf

ICAO: LSMD , IATA: –

Dübendorf bei Zürich war einer der ersten Flugplätze der Schweiz. Er wurde 1910 unter der Leitung eines französischen Flugpioniers angelegt. Die Schweizer Regierung kaufte 1918 das Areal und entwickelte es zur Wiege der Schweizer Luftfahrt. Ab 1919 flog Ad Astra von hier zu wichtigen Städten Europas, ab 1932 übernahm die Swissair, die dann 1940 nach Zürich-Kloten übersiedelte. Bis 2005 nutzte die Schweizer Luftwaffe den Standort. Derzeit wird er nur noch als **Geschäftsflugplatz** genutzt. Außerdem ist dort die Schweizerische Flugsicherung mit ihrem Ausbildungszentrum untergebracht. Das Bild wurde während der Corona-Krise aufgenommen. Swiss und Edelweiss hatten hier ihre nicht benötigten Flugzeuge geparkt.

Terminals – k.A.
Passagiere/Jahr – k.A.
Start- und Landebahnen – 11/29 (2355 m); 11R/29L (Gras) (650 m)
Flugbewegungen/Jahr – k.A.

Dublin

ICAO: EIDW, IATA: DUB

Der Flughafen wurde 1940 gegründet. Er liegt 10 Kilometer von der Stadtmitte entfernt. Mit Eintritt in die EU und dem Wirtschaftsboom wuchs der Verkehr stark an. Der Flughafen ist die **Heimatbasis von Aer Lingus und Ryanair**. Pläne, eine Parallelbahn im Norden des Flughafens zu errichten, legte die Regierung im Zuge der Finanzkrise 2007 allerdings auf Eis. Das änderte sich schlagartig mit dem bevorstehenden Brexit. Mit Hochdruck arbeitet man seitdem an der Fertigstellung, da Irland mit einem starken Verkehrszuwachs rechnet. Die Piste soll 2022 übergeben werden.

Terminals – 2
Passagiere/Jahr – 33 Mio.
Start- und Landebahnen – 10/28 (2637 m); 11/29 (geschlossen) (1339 m); 16/34 (2072 m); 10L/28R (2022) (3110 m)
Flugbewegungen/Jahr – 240.000

→ London »City Airport«

ICAO: EGLC, IATA: LCY

Die Docklands waren nach dem Krieg nicht gerade ein Aushängeschild für die britische Hauptstadt. Die leerstehenden, verfallenden Gebäude wurden zum Zentrum einer No-go-Area. 1981 machte sich ein Konsortium an die Sanierung. Der kühnste Teil des Plans war, einen Innenstadtflughafen am Themseufer zu bauen. 1987 wurde er eröffnet und dankbar angenommen. Wegen der kurzen Piste und der umgebenden Bebauung dürfen den Airport nur mehrmotorige Flugzeuge benutzen, deren Crews auch in der Lage sind, **einen 5,5-Grad-Anflug** mit anschließender Landung zu fliegen. Das größte erlaubte Flugzeug ist der Airbus A318. British Airways bietet damit sogar Business-Class-Flüge von London City nach New York an. Da das Flugzeug nicht vollgetankt starten kann, legt man auf Shannon an Irlands Westküste einen Tankstopp ein. Von hier sind es noch 2680 nautische Meilen bis JFK.

Terminals – 1
Passagiere/Jahr – 0,024
Start- und Landebahnen – 09/27 (1508 m)
Flugbewegungen/Jahr – 86.000

28

London »Heathrow«

ICAO: EGLL, IATA: LHR

1930 kaufte der Flugzeughersteller Fairey Aviation dem Gemeindepfarrer von Harmondsworth ein Stück Land ab, um dort Militärmaschinen zu testen. 1944 beschlagnahmte die Regierung wiederum das Gelände unter dem Vorwand, dort auf dem Höhepunkt des Krieges eine Luftwaffenbasis errichten zu wollen. Aus dem gleichen Grund riss das Luftfahrtministerium auch ein kleines Dorf namens Heath Row ab. **Tatsächlich waren diese militärischen Pläne aber nur vorgeschoben**, um langwierige Bewilligungsverfahren zu umgehen. Das Gelände war von Anfang an für einen Zivilflughafen vorgesehen. Und bereits 1946 startete der erste Flug von London Heathrow nach Buenos Aires. Trotz der hohen Airport-Dichte Londons mit Gatwick, Luton, Stansted und zuletzt London City platzt Heathrow aus allen Nähten. Weitere Terminals wurden gebaut und unter starken Geburtswehen in Betrieb genommen. Zwischen 1976 und 2003 nutzte British Airways den Flughafen für Überschallflüge mit der **Concorde**. Die Betreibergesellschaft fordert dringend einen Ausbau. Seit Jahren tobt eine politische Schlacht um eine dritte Runway zwischen den verschiedenen Parteien, Premierministern und Bürgermeistern. Der Ort Harmondsworth müsste dafür abgesiedelt werden. Theresa May genehmigte den Bau 2016. Es folgte erbitterter Widerstand. Das Parlament stimmte schließlich 2018 mit 415 zu 119 für den Ausbau. Auf dem Foto ist die dritte Bahn bereits grafisch dargestellt.

Terminals – 4 + 1
Passagiere/Jahr – 80 Mio.
Start- und Landebahnen – 09L/27R (3902 m); 09R/27L (3660 m); 16/34 (2072 m); 09/27X (geplant)
Flugbewegungen/Jahr – 480.000

London »Luton«

ICAO: EGGW, IATA: LTN

Luton liegt ca. 50 km vom Picadilly Circus entfernt. Der Flughafen wurde 1938 für die Royal Air Force angelegt. Von hier starten hauptsächlich **Billigflieger** und Charter-Airlines. Luton ist unter den Passagieren der am wenigsten beliebte Flughafen in ganz Großbritannien. Seit 2013 wird er von der spanischen Betreibergesellschaft AENA bewirtschaftet.

Terminals – 1
Passagiere/Jahr – 16 Mio.
Start- und Landebahnen – 08/26 (2160 m)
Flugbewegungen/Jahr – 135.000

Glasgow International

ICAO: EGPF, IATA: GLA

Der Airport wurde 1966 eröffnet. Er liegt acht Kilometer westlich der Innenstadt von Glasgow. Viele große Airlines fliegen ihn an und bieten Direktverbindungen noch Nordafrika, an den Golf, nach ganz Europa und Nordamerika sowie in die Karibik. In die Schlagzeilen geriet der Flughafen 2007 durch einen gescheiterten Terroranschlag, als zwei islamistische Attentäter einen brennenden Geländewagen in das Terminal steuern wollten. Das Fahrzeug blieb aber an einem Poller hängen und explodierte. Beide Täter wurden festgenommen, einer erlag später seinen Brandverletzungen.

Terminals – 1
Passagiere/Jahr – 10 Mio.
Start- und Landebahnen – 05/23 (2665 m)
Flugbewegungen/Jahr – 100.000

Oslo »Gardermoen«

ICAO: ENGM, IATA: OSL

Gardermoen hat eine bemerkenswerte militärische Vergangenheit. Der Flughafen war Anfang des vergangenen Jahrhunderts ein Exerzierplatz des norwegischen Heeres. 1912 landete dort erstmals ein Flugzeug. Die deutsche Wehrmacht besetzte den Flughafen im Zweiten Weltkrieg und baute ihn mit zwei asphaltierten Pisten aus. Nach dem Krieg übernahm Norwegen die militärischen Einrichtungen. Mehrere Jagd-, Transportgeschwader und Hubschrauberstaffeln wurden hier stationiert. Als der zweite Osloer Flughafen Fornebu mit dem anwachsenden zivilen Luftverkehr nicht mehr fertig wurde, richtete Norwegen einen zivilen Abfertigungsbereich auf Gardermoen ein. Der Airport ist heute **einer der modernsten Flughäfen** Europas.

Terminals – 1
Passagiere/Jahr – 29 Mio.
Start- und Landebahnen – 01L/19R (3600 m); 01R/19L (2950 m)
Flugbewegungen/Jahr – 250.000

→ Stockholm »Arlanda«

ICAO: ESSA, IATA: ARN

Der Flughafen 40 Kilometer nördlich von Stockholm wurde 1959 als Test-Airport angelegt. Wegen der langen Piste und dem Flottenneuzugang der DC-8 entschieden sich die Behörden 1960, den Flugbetrieb bevorzugt von Bromma nach Arlanda zu verlegen. Da die SAS Flugverbindungen in die ganze Welt hatte, war man auch auf innerskandinavische Anschlussflüge angewiesen. So überließ man den stadtnahen Bromma Airport der Geschäftsfliegerei.

Terminals – 5
Passagiere/Jahr –27 Mio.
Start- und Landebahnen – 01L/19R (3301 m); 01R/19L (2500 m); 08/26 (2500 m)
Flugbewegungen/Jahr – 235.000

Helsinki »Vantaa«

ICAO: EFHK, IATA: HEL

Die Planung für diesen – 17 Kilometer nördlich von Helsinki gelegenen – Flughafen begann in den 1940er-Jahren. Am 26. Juni 1952 landeten rechtzeig **für die Olympischen Sommerspiele** die ersten Maschinen. Der reguläre Betrieb begann im Jahr 1956. Anfangs hieß der Flughafen Seutula Airport. Unten ist der Flughafen Anfang der 1960er-Jahre zu sehen.

Die Stadt Vantaa rückte über die Jahre immer näher, heute umschließt sie ihn fast. Dort wohnen auch die meisten der 25.000 Flughafenmitarbeiter.

Terminals – 2 + 1 (Planung)
Passagiere/Jahr – 22 Mio.
Start- und Landebahnen – 04R/22L (3500 m); 04L/22R (3060 m); 15/33 (2901 m)
Flugbewegungen/Jahr – 188.000

↑ + → Kopenhagen »Kastrup«

ICAO: EKCH, IATA: CPH

Der Flughafen von Kopenhagen liegt **fünf Meter über dem Meeresspiegel**. So kann es vorkommen, dass Passagiere auf dem Weg zum Start neben sich unvermittelt den Rumpf eines Öltankers sehen und eiligst die Kamera zücken. Der Flughafen liegt im Stadtgebiet von Kopenhagen. Er wurde 1925 eröffnet. Während der Besetzung durch die deutsche Wehrmacht im Zweiten Weltkrieg diente das Flugfeld als Fliegerhorst für mehrere Jagd- und Kampfgeschwader, die die Meerenge des Kattegat kontrollierten. Nach dem Krieg und einem kurzen Intermezzo durch die Royal Air Force machte man den Flughafen zu einer wichtigen Drehscheibe des skandinavischen Airline-Verbundes SAS. So wurde ab hier die Polarroute nach Japan erschlossen, mit Zwischenlandung in Anchorage. Auch die Verbindung nach Grönland und zu den Färöern wird ganzjährig über Kopenhagen sichergestellt.

Terminals – 3
Passagiere/Jahr – 31 Mio.
Start- und Landebahnen – 04R/22L (3300 m); 04L/22R (3600 m); 15/33 (3070 m)
Flugbewegungen/Jahr – 264.000

Moskau »Scheremetjevo«

ICAO: UUEE, IATA: SVO

Gebaut wurde der Flughafen einst als Militärbasis, bis man ihn 1959 zum zivilen Airport umwidmete. Als dann um die Jahrtausendwende Moskaus zweiter ziviler Flughafen Domodedovo den Betrieb aufnahm, kam SVO ins Hintertreffen, rüstete mit einem neuen Terminal auf und drehte den Trend um. Er ist jetzt wieder **der größte in Russland**. Der Flughafen hat nichts mehr von dem Mief der alten Sowjetzeit.

Terminals – 6
Passagiere/Jahr – 50 Mio.
Start- und Landebahnen – 06R/24L (3700 m); 06C/24C (3550 m); 06L/24R (3200 m)
Flugbewegungen/Jahr – 123.000

Bukarest »Henri Coandă«

ICAO: LROP, IATA: OTP

16 Kilometer nördlich von Bukarest liegt **der wichtigste Airport Rumäniens**, der Aeroportul International Henri Coandă. Er ist nach einem rumänischen Flugzeugkonstrukteur benannt. Schon 1910 baute er das erste Flugzeug mit Strahltriebwerk. Es geriet jedoch bei der Landung in Brand und wurde zerstört. Dabei entdeckte er den nach ihm benannten Coanda-Effekt, das Verhalten von Gasen, die einen konvexen Körper umströmen. Erst 30 Jahre später wurden Strahltriebwerke erfolgreich von Pabst von Ohain und Frank Whittle (unabhängig voneinander) getestet. Gegründet wurde der Flughafen von der deutschen Wehrmacht während des Balkanfeldzugs. 1944 zerstörte die USAAF (US Army Air Force) den Flughafen. Nach dem Krieg übernahm ihn die rumänische Luftwaffe und erweiterte ihn 1968 zu einem zivil-militärischen Airport.

Terminals – 1
Passagiere/Jahr – 13 Mio.
Start- und Landebahnen – 08R/26L (3500 m); 08L/26R (3200 m)
Flugbewegungen/Jahr – 100.000

↓ Warschau »Chopin Airport«

ICAO: EPWA, IATA: WAW

Der 1933 angelegte Flughafen wurde im Zweiten Weltkrieg zerstört. Nach Kriegsende baute man ihn größer und geräumiger wieder auf. Der Airport ist nach dem Komponisten Frédéric François Chopin benannt. Eine nicht ganz einfache Sache, da es zwei Möglichkeiten gibt, Chopins Vornamen zu schreiben: Mit Fryderyk betont man seine polnische Herkunft, schreibt man Frédéric, so erinnert man an dessen französische Identität. So einigte man sich auf den kleinsten gemeinsamen Nenner und ließ den Vornamen einfach weg. Der Airport ist mittlerweile hochmodern, die Passkontrolle automatisch, über die biometrische Gesichtserkennung öffnen sich die Passagierdurchlässe. Auf dem Flughafen liegt auch die Regierungsstaffel.

Terminals – 2
Passagiere/Jahr – 16 Mio.
Start- und Landebahnen – 11/29 (2800 m); 15/33 (3690 m)
Flugbewegungen/Jahr – 160.000

COURTYARD
COURTYARD
LOT

Budapest »Ferenc Liszt«

ICAO: LHBP, IATA: BUD

Der Komponist Franz Liszt stand Pate für den Namen des Airports. Er liegt 16 km südöstlich von Budapest. Sein früherer Name Ferihegy hält sich aber seit der Umbenennung im Jahr 2011 hartnäckig. 1939 wurde der Airport eröffnet, im Krieg aber schwer in Mitleidenschaft gezogen. Als die staatliche Airline Malev 2012 Konkurs anmeldete, sprang Ryanair in die Lücke. Doch die **ungarische Low-Cost-Airline WizzAir** hielt dagegen und ist nun Marktführer für Flüge von und nach Ungarn.

Terminals – 3
Passagiere/Jahr – 16 Mio.
Start- und Landebahnen – 13R/31L (3010 m); 13L/31R (3707 m)
Flugbewegungen/Jahr – 123.000

→ Heraklion »Nikos Kazantzakis«

ICAO: LGIR, IATA: HER

Heraklion liegt an der Nordküste Kretas. Nach Athen ist er der verkehrsreichste Airport Griechenlands. Er wurde 1939 eröffnet. Während des Krieges nutzte die deutsche Luftwaffe den Flughafen, um Schiffe im Mittelmeer, nordafrikanische Häfen und den Suezkanal anzugreifen. 1954 wurde die Ost-West-Piste erstmals verlängert. So konnten größere Flugzeuge mehr Passagiere nach Kreta bringen. Der Flughafen befindet sich seitdem ständig in Erweiterung. Pistenverlängerung, Terminalerweiterung, mehr Stellplätze für Airlines. Der Flughafen ist bei Piloten jedoch nicht sonderlich beliebt, da er kein Instrumentenlandesystem hat. Außerdem machen den Crews **die häufigen Seitenwinde** zu schaffen. Die EU hat Gelder für den Ausbau des Flughafens Kasteli (bisher militärisch genutzt) im Herzen der Insel genehmigt. Sollte alles nach Plan laufen, könnte dieser Flughafen 2025 für den zivilen Verkehr geöffnet werden.

Terminals – 1
Passagiere/Jahr – 8 Mio.
Start- und Landebahnen – 01L/19R (3301 m); 01R/19L (2500 m); 08/26 (2500 m)
Flugbewegungen/Jahr – 53.000

ANEK LINES

Korfu »Ioannis Kapodistrias«

ICAO: LGKR, IATA: CFU

Der Flughafen von Korfu, griechisch Kerkyra, ist nach Ioannis Antonios Graf Kapodistrias benannt, **dem ersten Staatsoberhaupt Griechenlands** nach der Unabhängigkeit vom Osmanischen Reich. Der Flughafen wurde 1937 angelegt und auch gleich von der deutschen Luftwaffe genutzt. Damals war die Piste nur 600 m lang. So stand den Flugzeugen nur ein Viertel der heutigen Startstrecke zur Verfügung. Nachdem Aristoteles Onassis die schwindsüchtige nationale Airline TAE gekauft und zur stolzen Olympic Airways gemacht hatte, setzte ein Erweiterungsboom auf vielen griechischen Flughäfen ein. Die Piste wurde ins Meer hinaus verlängert und mit einem »Wendehammer« versehen. Da jedoch jedes Flugzeug vor dem Start auf der Piste nach Süden rollen muss, können andere Flugzeuge in dieser Zeit nicht landen oder starten. Das wirkt sich auf die Kapazität des Flughafens aus. Korfu ist wegen seines spektakulären Anflugs ein beliebtes Ziel von Flugzeugfotografen.

Terminals – 1
Passagiere/Jahr – 4 Mio.
Start- und Landebahnen – 16/34 (2373 m)
Flugbewegungen/Jahr – 26.000

Athen »Ellinikon International«

ICAO: LGAT, IATA: —

Wie so viele Flughäfen in der Luftfahrtgeschichte Griechenlands hatte auch dieser einen deutschen Hintergrund aus der Zeit des Griechenlandfeldzugs. Als die deutsche Luftwaffe ihn besetzte, hieß er noch Kalamaki. Von 1945 bis 1991 nutzte die US Air Force den Airport für Flüge in den Mittleren Osten. 2001 wurde der neue Flughafen 20 Kilometer östlich davon an den Verkehr übergeben. Allerdings sitzt die **Anflugkontrolle Athen** noch im alten Flughafengebäude. 2011 wurde ein Olympic Airways Museum eingerichtet. Der nordwestliche Teil des Flughafens und die Vorfelder wurden in einen Sportpark umgewandelt, der die Austragungsorte der Olympischen Sommerspiele 2004 für Kanu- und Kajak-Slalom, Feldhockey, Baseball und Softball beherbergte. Ab 2005 wurden Pläne entwickelt, das Gelände in eine Parklandschaft zu verwandeln. Inzwischen allerdings denkt man an gewerbliche Bebauung, auch wenn die Nachbarschaft nach wie vor den Park bevorzugen würde. Auch aufgrund dieser widerstrebenden Ziele sind weite Bereiche »Brachland«, auf dem sich inzwischen auch ein Flüchtlingscamp entwickelt hat.

Start- und Landebahnen – 15L/33R (3500 m); 15R/33L (3148 m)

← + ↑ Rom »Leonardo da Vinci«

ICAO: LIRF, IATA: FCO

Nach Rom konnte man mit einem Flugboot anreisen, das bei Ostia nahe der Tibermündung andockte. Die geografische Form des Landes, mit gut 1000 km Länge, machte die Entwicklung von Flugzeugen und Flughäfen zu einer wirtschaftlichen Notwendigkeit. Immer schnellere Flugzeuge wurden entwickelt. 1927 flog eine Macchi M.52 aus italienischer Produktion **sensationelle 476 km/h**. Und am 23. Oktober 1934 flog Francesco Agello mit einer Macchi M.C.72 der Welt davon. Bis heute steht sein Weltrekord für Wasserflugzeuge mit Kolbenmotor bei 705 km/h! So war die Standortwahl für den Hauptflughafen Roms vorgegeben. Konventionelle und Wasserflugzeuge sollten möglichst dicht beieinander abgefertigt werden können. Die Wahl fiel auf das Küstenstädtchen Fiumicino am Tiber. Im Laufe der Jahrzehnte verloren die Flugboote jedoch an Bedeutung. Fiumicino sollte für die Olympischen Spiele 1960 in Rom vergrößert werden, da die anderen Flughäfen der ewigen Stadt wie Ciampino und Urbe längst nicht mehr ausreichten. Fertig wurde er jedoch erst im Jahr nach der Olympiade.

Terminals – 4
Passagiere/Jahr – 48 Mio.
Start- und Landebahnen – 18R/34L (3900 m); 07/25 (3300 m); 16L/34R (3900 m); 16C/34C (TWY D) (3600 m)
Flugbewegungen/Jahr – 310.000

Genua »Cristoforo Colombo«

ICAO: LIMJ, IATA: GOA

Der Aeroporto Cristoforo Colombo ist der größte Flughafen Liguriens. Er liegt auf einer künstlichen Insel im Meer, neun Kilometer vor der Stadtmitte von Genua. 1954 war Baubeginn, 1962 Einweihung. Natürlich profitierte der Flughafen durch die Kreuzfahrtindustrie, deren Seereisen oft in Genua endeten, wo dann neue Passagiere für die Anschlussfahrt an Bord kamen. Wie das in der Zeit nach Corona weitergeht, wird sich zeigen, denn die Hälfte der klassischen Kreuzfahrttouristen sind US-Amerikaner. **Herbstnebel und Winterstürme** machen dem Flughafen bisweilen schwer zu schaffen.

Der Flughafen ist zudem Produktionsstandort für Piaggio Aerospace. Das Unternehmen entwirft und baut Flugzeuge. Der Ursprung lag allerdings ab 1884 in der Ausstattung von großen Ozeanlinern und dem Bau von rollendem Material für die italienische Eisenbahn. In der Luftfahrt machten sie sich dann ab den 1920er-Jahren einen Namen. Bereits 1928 nahmen die italienischen Ingenieure einen Windkanal in Betrieb, um die Erforschung der Aerodynamik voranzubringen. Heute steckt die Firma wirtschaftlich in Schwierigkeiten. Sie hat einen Konkurs hinter sich und steht derzeit (August 2020) zum Verkauf.

Terminals – 1
Passagiere/Jahr – 2 Mio.
Start- und Landebahnen – 10/28 (2916 m)
Flugbewegungen/Jahr – 21.000

↑ + → Paris »Charles-de-Gaulle«

ICAO: LFPG, IATA: CDG

Von den 14 Pariser Flughäfen ist Charles-de-Gaulle der wichtigste, zudem ist er nach Heathrow der größte in Europa. Er entstand am Reißbrett des Architekten Paul Andreu. Der dynamische Architekt war damals 30 Jahre jung, vielseitig begabt, hatte weitgehend freie Hand und gewagte Visionen. Er veranstaltete in der Planungsphase unkonventionelle Workshops und innovative Informationsabende mit Künstlern, Innenarchitekten, Musikern, Möbeldesignern und Psychologen. So entstand das Herzstück des Flughafens, das kreisrunde Terminal 1, gelegentlich auch als Beton-Camembert bezeichnet, mit gewagten ineinander verschränkten Rolltreppenröhren und Transportbändern zu den unterschiedlichen Ebenen des Flughafens. Die sieben Satelliten sind durch unterirdische Fahrsteige verbunden, jeder 250 Meter lang. Vier Parallelbahnen haben genügend Abstand zueinander, damit sie gleichzeitig benutzt werden können. Baubeginn für das erste Terminal war 1968, 1971 war die erste Piste fertig, 1972 stand der 80 Meter hohe Kontrollturm. Paul Andreu entwarf in seinem Leben etwa 50 Terminals in Europa, Afrika und Asien.

Terminals – 3
Passagiere/Jahr – 77 Mio.
Start- und Landebahnen – 08L/26R (4215 m); 08R/26L (2700 m); 09L/27R (2700 m); 09R/27L (4200 m)
Flugbewegungen/Jahr – 500.000

Paris »Le Bourget«

ICAO: LFPB, IATA: LBG

Le Bourget war bei Inbetriebnahme 1919 der einzige Flughafen in Paris. Charles Lindbergh landete hier nach seinem Erstflug über den Atlantik. Die deutsche Luftwaffe besetzte ihn im Zweiten Weltkrieg und stationierte hier mehrere Kampf- und Transportgeschwader. Der Airport wird seit 1977 nicht mehr für den öffentlichen Luftverkehr genutzt. Er hat sich auf den Geschäftsreiseverkehr spezialisiert. Legendär ist jedoch die Luftfahrtschau, die alle zwei Jahre hier stattfindet.

Terminals – 3
Passagiere/Jahr – 77 Mio.
Start- und Landebahnen – 08L/26R (4215 m); 08R/26L (2700 m); 09L/27R (2700 m); 09R/27L (4200 m)
Flugbewegungen/Jahr – 50.000

DE PARIS LE BOURGET

Marseille »Provence«

ICAO: LFML, IATA: MRS

1922 wurde dieser Flughafen eröffnet und während des Zweiten Weltkriegs durch die deutsche Luftwaffe zuerst besetzt und schließlich zerstört. Aufgrund seiner Lage an der Nordküste des Mittelmeers ist Marseille Frankreichs **Tor zum Maghreb und nach Korsika**.

Terminals – 2
Passagiere/Jahr – 11 Mio.
Start- und Landebahnen – 03/21 (2665 m); 07/25 (3000 m); 09/27 (1845 m)
Flugbewegungen/Jahr – 100.000

Courchevel

ICAO: LFLJ, IATA: CVF

Der Altiport Courchevel liegt auf 2.000 Metern Höhe in den französischen Alpen und gilt als einer der **gefährlichsten** Flughäfen der Welt. Die Piste ist 500 Meter lang, hat eine Steigung von 18,66% und erlaubt kein Durchstartverfahren. Außerdem knickt die Piste kurz vor dem Ende ab. Gelandet wird bergauf, gestartet bergab. Hierzu gibt es eine Parallele in Nepal, den Tenzing-Hillary-Airport in Lukla. Courchevel wurde im Vorfeld der Olympischen Winterspiele 1992 in Albertville angelegt. In diesem Zusammenhang richtete die österreichische Tyrolean Airways einen Liniendienst zwischen Paris, Innsbruck und dem Altiport ein, der 15 Jahre aufrechterhalten wurde. Geflogen wurde zuerst mit der DHC-7, später mit Fokker 50/100. Manche Piloten lieben den Nervenkitzel. Die werden von solchen Flughäfen geradezu angezogen.

Terminals – 1
Passagiere/Jahr – k.A.
Start- und Landebahnen – 04/22 (537 m)
Flugbewegungen/Jahr – 6.000

↓ Amsterdam »Schiphol«

ICAO: EHAM, IATA: AMS

1916 war es eine Militärbasis, die Pisten waren noch abgesteckte Flächen auf Gras, die nach und nach befestigt wurden. **1935 gab es bereits vier asphaltierte Runways**. Die Wehrmacht besetzte den Flughafen von 1940 bis 1944. Der Flughafen liegt drei Meter unter dem Meeresspiegel. Ein tragisches Ereignis ist untrennbar mit dem Schiphol Airport verbunden: Der Absturz der EL AL Frachtmaschine, einer Boeing 747. Sie schlug in einem Amsterdamer Wohnblock ein. 47 Menschen kamen dabei ums Leben.

Terminals – 1 (dreigeteilt)
Passagiere/Jahr – 72 Mio.
Start- und Landebahnen – 04/22 (2014 m); 06/24 (3500 m); 09/27 (3453 m); 18C/36C (3300 m); 18R/36L (3800 m); 18L/36R (3400 m)
Flugbewegungen/Jahr – 500.000

KLM
Next chapter, here I come
Honeymoon suite, here I come
DELTA

KLM
DELTA

Keflavik International

ICAO: BIKF, IATA: KEF

In der isländischen Sprache heißt der Flughafen **Keflavíkurflugvöllur**. Der Airport liegt 40 Kilometer südlich des Flughafens von Reykjavik und beherbergt zivilen und militärischen Verkehr. Bis auf die Inlandsverbindungen, die Flüge in die Nachbarschaft nach Grönland und auf die Färöer werden alle Connections über Keflavik abgewickelt. Vor allem Icelandair mit ungefähr zwei Dutzend Zielen in Nordamerika freut sich über Umsteigeverbindungen aus 15 deutschsprachigen Städten. Dazu kommt der militärische Luftverkehr.

Terminals – 3
Passagiere/Jahr – 8 Mio.
Start- und Landebahnen – 13R/31L (3010 m); 13L/31R (3707 m)
Fläche – 2,5 km²
Flugbewegungen/Jahr – 90.000

→ Kangerlussuaq

CAO: BGSF, IATA: SFJ

Als ich 1974 Grönland besuchte, hieß der Flughafen noch Søndre Strømfjord. Die USAF hatte 1941 die Sondrestrom Air Base als Zwischenlandeplatz für Flüge nach Europa angelegt. Nach dem Krieg wurde er auch wegen der knappen Reichweite vieler Passagiermaschinen gerne angeflogen. Auch für die **Versorgung Berlins** während der Blockade war der Flughafen ein wichtiger Teil der Versorgungslogistik. Der Airport liegt am Ende eines langen Fjords. Der Klimawandel und der auftauende Permafrost verursachen zahlreiche Risse im Asphalt von Runway und Taxiway, die immer problematischer werden. Eine mögliche Abhilfe wäre, die 1000-Meter-Piste von Grönlands Hauptstadt Nuuk (Godthåb) zu erweitern und den Flughafen zu verlegen.

Terminals – 1
Passagiere/Jahr – 0,13 Mio.
Start- und Landebahnen – 01/19 (3054 m); 10/28 (3065 m)
Fläche – 2,5 km²
Flugbewegungen/Jahr – 5.000

air greenland

1
2
3
4
5
6
7
8
9
10
11
12
13
14
15
16
17

AFRIKA UND NAHER OSTEN

Luftverkehr im Nahen Osten und Afrika

Der Nahe Osten mit der Türkei und den Golfstaaten liegt strategisch günstig zwischen Europa, Asien und Australien. Da bis Ende der 1980er-Jahre einerseits die Sowjetunion noch nicht überflogen werden durfte, andererseits noch keine Flugzeuge mit einer Reichweite von Europa nach Fernost zur Verfügung standen, waren die Airlines auf Zwischenstopps angewiesen. Ich erinnere mich an einen Flug 1977 von London nach Tokio mit Zwischenstopps in Athen, Bahrain, Karachi, Singapur und Taipeh. Heute ist es eine Frage der Connectivity und einer willkommenen Reiseunterbrechung. Es bietet sich geradezu an, an einem dieser Luxushubs aus 1001 Nacht die Fernreise für ein oder zwei Tage zu unterbrechen, und dann mit einer Airline weiterzufliegen, die für vergleichsweise wenig Geld viel Komfort bietet. Daher haben Fluggesellschaften wie Etihad, Emirates oder Qatar Airways Dutzende Großraumflugzeuge vom Typ A380 bestellt, Emirates sogar 162 Stück! Viele dieser Bestellungen wurden im Zuge verschiedener Krisen allerdings wieder storniert oder reduziert. Gleichzeitig bauten diese Länder immer größere Flughäfen. Die Staaten und Emirate übertrafen sich gegenseitig mit Superlativen. So plante Dubai einen Flughafen mit sechs 4500-Meter-Pisten, auf einer Gesamtfläche von 140 Quadratkilometern. Seit 2011 ist er in Betrieb, allerdings wurde nur eine einzige Piste realisiert. Immerhin brummt auch der bisherige Dubai Airport mit über 90 Mio Passagieren pro Jahr.

Istanbul »Havalimani«

ICAO: LTFM, IATA: IST

Die Türkei möchte im Kampf um den wichtigsten Hub im Nahen Osten nicht hintantstehen. Turkish Airlines wächst, als gäbe es kein Morgen. Sie fliegt 120 Länder an und verbindet sie mit ihrem neuen Hub in Istanbul. Allein Deutschland steht mit 14 Abflughäfen im Netzwerk der Turkish Airlines. So gilt der 2018 eröffnete neue Flughafen von Istanbul als **derzeit größter Airport der Welt**. Er liegt 50 Kilometer nördlich des Stadtzentrums und hat eine Fläche von 76 Quadratkilometern. In der ersten Ausbaustufe soll er 90 Mio. Passagiere »bewältigen« können. Die letzte Ausbaustufe soll 2027 abgeschlossen sein und den Flughafen auf 200 Millionen Passagiere ertüchtigen. Das hat jedoch einen Preis: Für den Bau wurden 2,5 Mio Bäume gefällt, Menschen umgesiedelt und 70 Seen und Feuchtgebiete trockengelegt.

Terminals – 3
Passagiere/Jahr – 90 Mio.
Start- und Landebahnen – 16R/34L (3750 m); 16L/34R (3750 m); 17L/35R (4100 m); 17R/35L (4100 m); 18/36 (3000 m)
Flugbewegungen/Jahr – 330.000

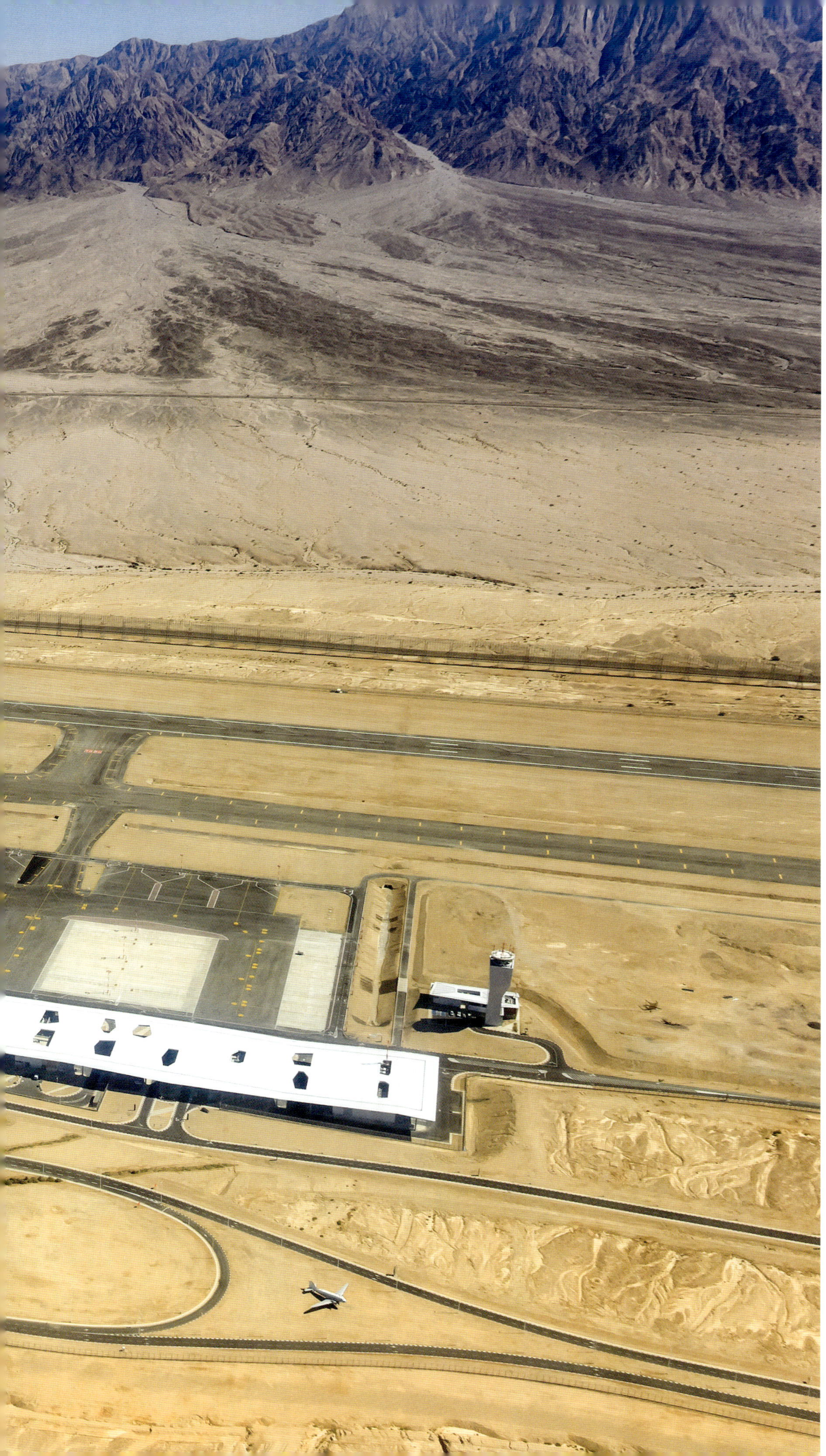

Eilat »Ramon«

ICAO: LLSD, IATA: ETM

1949 wurde der Airport am Nordarm des Roten Meers angelegt. Damals war diese Region noch kaum besiedelt. Im Laufe der Jahrzehnte wuchs eine ganze Stadt rund um den Airport. Nach dem Friedensvertrag zwischen Jordanien und Israel schmiedete man Pläne, die Flughäfen von Eilat und Aqaba auf jordanischer Seite zusammenzulegen und den Airport gemeinsam zu bauen. Er sollte von Jordanien und Israel gemeinsam als **Aqaba-Eilat Peace International Airport** genutzt werden. Aufgrund verschiedener Verstimmungen ließ man diesen Plan wieder fallen. Israel verlegte den Flughafen 20 Kilometer weg von der Küstenlinie, um am Ufer mehr Platz für Hotels zu gewinnen. Mit dem Namen Ramon bedachte man den israelischen Astronauten Ilan Ramon, der bei dem Space-Shuttle-Unglück der Raumfähre Columbia ums Leben kam. Sechs Jahre später verunglückte dessen Sohn Assaf Ramon bei einem Trainingsunfall mit einer F-16.

Terminals – 1
Passagiere/Jahr – 2 Mio.
Start- und Landebahnen – 01/19 (3600 m)
Flugbewegungen/Jahr – 20.000

Tel Aviv »Ben Gurion«

ICAO: LLBG, IATA: TLV

Der Flughafen wurde Mitte der 1930er-Jahre von Briten erbaut. Die polnische LOT eröffnete den Flugbetrieb. Der Airport hieß damals noch Lydda. Nach der Staatsgründung 1948 wurde er in Lod umbenannt. Erst 1975 taufte man ihn auf David Ben Gurion Airport, benannt nach dem ersten Ministerpräsidenten Israels. Obwohl, oder gerade weil es Terroristen seit jeher auf den israelischen Flugverkehr abgesehen haben, gilt Ben Gurion als **der sicherste Airport der Welt**. Zeitraubende Sicherheitsüberprüfungen und umfangreiche Befragungen und Backgroundchecks von abfliegenden Passagieren schrecken potenzielle Übeltäter ab.

Terminals – 3
Passagiere/Jahr – 16 Mio.
Start- und Landebahnen – 03/21 (2780 m); 08/26 (4280 m); 12/30 (3112 m)
Flugbewegungen/Jahr – 115.000

Beirut »Rafiq-Hariri«

ICAO: OLBA, IATA: BEY

Nachdem 1968 Palästinenser in Athen ein Flugzeug der EL AL angegriffen hatten, landeten zwei Tage später israelische Kommandotruppen in Beirut und **sprengten 14 Flugzeuge** in die Luft. Beirut galt wegen seiner lockeren Atmosphäre als »Paris des Nahen Ostens«. Das war mit dem Bürgerkrieg vorbei, der 15 Jahre andauerte. 2006 bombardierte die israelische Luftwaffe den Flughafen als Vergeltung erneut. 2020 explodierte eine Lagerhalle im Hafen und legte nicht nur die Hafenanlagen in Trümmer. Umso wichtiger war daraufhin der Flughafen, über den die Millionenstadt ohne Strom und Wasser versorgt werden kann.

Terminals – 1
Passagiere/Jahr – 6 Mio.
Start- und Landebahnen – 03/21 (3800 m); 16/34 (3395 m); 17/35 (3250 m)
Flugbewegungen/Jahr – 75.000

↓ Hurghada International

ICAO: HEGN, IATA: HRG

Nach Kairo ist Hurghada der zweitgrößte Airport Ägyptens. Hurghada selbst hat etwa 200.000 Einwohner, die überwiegend in der Tourismusbranche arbeiten. Jährlich besuchen jedoch **über eine Million Touristen** die Stadt am Roten Meer, davon vor allem Russen, Deutsche und Briten.

Terminals – 2
Passagiere/Jahr – 13 Mio.
Start- und Landebahnen – 16R/34L (4000 m); 16L/34R (4000 m)
Flugbewegungen/Jahr – 54.000

Dubai International

ICAO: OMDB, IATA: DXB

Dubai International wurde erst 1960 eröffnet. Bis dahin beschränkte sich der Verkehr zwischen Europa und den Golfstaaten hauptsächlich auf die Ölindustrie. Nach der Pistenerweiterung und dem Neubau weiterer Terminals zählte der Airport zu den drei größten der Welt. Zur Stadtmitte sind es gerade mal fünf Kilometer. Da die Wohnbebauung aber mittlerweile den Flughafen umschließt, begann man den Dubai World-Central Airport zu bauen, dessen Fertigstellung in der geplanten Größe jedoch derzeit in Frage steht. Auf jeden Fall hat Dubai International **den größten Duty-free-Shop der Welt**.

Terminals – 3
Passagiere/Jahr – 95 Mio.
Start- und Landebahnen – 12R/30L (4447 m); 12L/30R (4351 m)
Flugbewegungen/Jahr – 410.000

→ Tripolis International

ICAO: HLLT, IATA: TIP

Während sich die Welt des Luftverkehrs doch ganz überwiegend zwischen friedlichen Flughäfen bewegt, die alles versuchen, Touristen anzulocken, sie in Sicherheit zu wiegen und ihnen allen Komfort anzubieten, ist die Situation in Afrika anders. Wenn man dort an einem Flughafen fotografieren möchte, riskiert man eine Verhaftung wegen Spionageverdachts und Nächte, Wochen oder Monate in einem Gefängnis, das man sich gar nicht erst vorstellen möchte. Wenn Gefreite putschen und über Nacht zu Generälen werden und sich kiloweise mit Orden behängen, dann droht dem Land Hunger und Elend. Wenn sie ihre Karriere in der Revolution, im Chaos, in der Ermordung von unterlegenen Stämmen suchen, wenn sie meinen, der Flughafen und die eingespielte Logistik eines Landes müsse erst einmal zerstört werden, damit alles besser wird, dann wird sie bald das gleiche Schicksal ereilen.

Luftaufnahmen von Flughäfen in diesen Ländern beschränken sich deshalb oft auf Satellitenbilder einer zertrümmerten Infrastruktur, wie auf diesem am 25.07.2014 von der European Space Agency ESA aufgenommenen Satellitenfoto. Es zeigt ausgebrannte Flugzeuge nach der Zer-

störung des internationalen Flughafens von Tripolis durch islamistische Milizen. Der Flughafen, der während der Kolonialzeit unter italienischer Verwaltung stand, ging nach dem Zweiten Weltkrieg an die Briten. Während der Suezkrise 1956 bombardierte die Royal Air Force Flugplätze in Ägypten. **1969 ergriff Gaddafi die Macht** und machte Tripolis zum Hauptstadtflughafen.

Eine vernünftige Nutzung des Airports ist auf längere Zeit nicht zu erwarten.

Terminals – 1
Passagiere/Jahr – 3 Mio. (2014)
Start- und Landebahnen – 09/27 (3600 m)
Flugbewegungen/Jahr – geschlossen

Gao

ICAO: GAGO, IATA: GAQ

Als 2013 islamistische Rebellen Mali terrorisierten, rückten französische Truppen ein und übernahmen den Flughafen von Gao. Dieser steht aber auch für einen tragischen Flugunfall von 1952. Der Captain eines Charterflugzeugs, der gerade erst am Abend in Gao angekommen war, wurde von seiner Fluggesellschaft genötigt, um 3 Uhr morgens wieder zu starten und nach Nizza zurückzufliegen. **Der Captain bat um eine längere Pause**, vergeblich. Er flehte die Flugsicherung an, ihn nicht starten zu lassen, weil er zu müde sei. Vergeblich. Als er um 3 Uhr morgens startete, kam er genau 2 Kilometer weit. Von den 21 Menschen an Bord starben 18.

Terminals – 1
Passagiere/Jahr – k.A.
Start- und Landebahnen – 07/25 (2500 m)
Flugbewegungen/Jahr –k.A.

Juba

ICAO: HSSJ, IATA: JUB

Was war das für ein Fest, als sich der Südsudan mehr oder weniger friedlich vom Sudan getrennt hatte. Man feierte die **Unabhängigkeit**, man erklärte Juba zur Hauptstadt. Man gab sich eine Verfassung und stellte eine Armee auf. Aus Tartarstan (autonome Russische Republik) erhielt man 15 Hubschrauber mit ziviler und militärischer Ausrüstung vom Typ Mi-8 und Mi-17, die Piloten wurden in Kazan ausgebildet. Friedlicher wurde der junge Staat dadurch nicht.

Start- und Landebahnen – 13/31 (2400 m)
Flugbewegungen/Jahr – k.A.

Ascension Island

ICAO: FHAW, IATA: ASI

Der Flughafen mitten im Südatlantik wurde 1942 von der USAAF angelegt, um den transatlantischen Nachschub zu sichern. 1945 gab man ihn wieder auf, 1957 nahm in die USAF wieder in Betrieb. Die Royal Air Force nutzte Ascension Island im **Falklandkrieg** 1982 als Basis für die Luftbetankung. Der Fliegerhorst läuft bei der RAF unter dem Namen »Wideawake Air Base«, eine Anspielung auf die lange Flugdauer in jede Richtung. Eine ganze Flotte von elf fliegenden Tankern wurde nämlich benötigt, um einen Bomber von Ascension bis nach Falkland und zurück mit Kerosin zu versorgen! Bei Drucklegung ist die Bahn noch wegen Ausbesserungsarbeiten geschlossen. Sie soll aber 2022 wieder eröffnet werden.

Start- und Landebahnen – 13/31 (3070 m)
Flugbewegungen/Jahr – k.A.

Livingstone »Harry Mwanga Nkumbula International«

ICAO: FLHN, IATA: LVI

»Dr. Livingstone, I presume?« So soll Henry Morton Stanley den damals verschollenen geglaubten schottischen Arzt, Dr. David Livingstone, nach monatelanger Suche und einem 700 Meilen weiten Marsch durch den afrikanischen Dschungel begrüßt haben. Die nach dem Forscher benannte Stadt entstand 1904 an der Nordseite der Victoriafälle. **Das frühere Nordrhodesien heißt heute Sambia.** Livingstones Harry Mwanga Nkumbula International Airport ermöglicht den internationalen Tourismus zu dem Nationalpark mit den weltberühmten Wasserfällen.

Terminals – 1
Start- und Landebahnen – 10/28 (2292 m); 15/33 (1372 m)
Flugbewegungen/Jahr – k.A.

Mahé, Seychellen

ICAO: FSIA, IATA: SEZ

Königin Elizabeth II. eröffnete 1972 den Flughafen persönlich, denn die Seychellen waren Teil des britischen Commonwealth. 1976 erhielten sie die Unabhängigkeit. Der Fremdenverkehr macht 70 Prozent der Staatseinnahmen aus. Die Republik besteht aus 115 Inseln (!), die sich über eine Fläche von 400.000 Quadratkilometern verteilen. Der Flughafen liegt auf der **Hauptinsel Mahé** bei der Hauptstadt Victoria. Während etwa ein Dutzend Fluggesellschaften Mahé anfliegen, bedient Air Seychelles vor allem die umliegenden Inseln.

Terminals – 2
Start- und Landebahnen – 13/31 (2987 m)
Flugbewegungen/Jahr – k.A.

↓ Walvis Bay International

ICAO: FYWB, IATA: WVB

Walvis Bay war einst eine Air Base der South African Air Force. Sie wurde 1994 an den zivilen Luftverkehr übergeben. Der Wüstenflughafen ist mit modernsten Instrumenten ausgestattet, die einen Blindanflug ermöglichen. Außerdem wurde er für 4 Millionen USD durch einen zehn Kilometer langen Zaun aus Polymer umgeben, der den Flughafen vor **Sandstürmen** schützen soll. Alle Bauarbeiten wurden von chinesischen Firmen durchgeführt.

Terminals – 1
Passagiere/Jahr – 1 Mio.
Start- und Landebahnen – 09/27 (3440 m)
Flugbewegungen/Jahr – 5.000

Johannesburg »Oliver Tambo«

ICAO: FAOR, IATA: JNB

1953 wurde der Flughafen eröffnet und nach dem Burengeneral Jan Smuts benannt. Er liegt 1700 m über dem Meer und fällt deshalb in die Kategorie **Hot and High.** Die mit der Höhe abnehmende Luftdichte bei gleichzeitig heißem Wetter bedingt eine lange Startstrecke. Schwere Langstreckenmaschinen starten daher bevorzugt bei Nacht. Mitunter können sie auch nicht vollgetankt werden, weshalb sie dann in Lagos, Dakar oder auf den kapverdischen Inseln einen Tankstopp einlegen müssen. 2006 benannte die Regierung den Flughafen nach Oliver Tambo, einem führenden Kopf der Anti-Apartheid-Bewegung.

Terminals – 7
Passagiere/Jahr – 21 Mio.
Start- und Landebahnen – 03R/21L (3405 m); 03L/21R (4421 m)
Flugbewegungen/Jahr – 220.000

Lanseria

ICAO: FALA, IATA: HLA

Lanseria liegt nördlich von Johannesburg. Der Flughafen wurde 1970 auf Grund einer **Privatinitiative** zweier Piloten angelegt. Trotz anfänglicher Widerstände durch die Vororte Roodepoort und Krugersdorp konnten die beiden Visionäre die Regierung davon überzeugen, dass dies der Ort wäre, um den verkehrsreichsten Flughafen Südafrikas zu erbauen. Und tatsächlich wurde der Flughafen vier Jahre später in Betrieb genommen. Ursprünglich wollte man alle internationalen Flüge nach Johannesburg über diesen Flughafen abwickeln. Heute landen und starten hier vor allem offizielle Besucher und VIPs wegen der Nähe zur Hauptstadt Pretoria.

Terminals – 2
Passagiere/Jahr – 1 Mio.
Start- und Landebahnen – 06R/24L (1524 m); 06L/24R (3048 m)
Flugbewegungen/Jahr – k.A.

01

← Kapstadt International (CTIA)

ICAO: FACT, IATA: CPT

Cape Town International Airport wurde 1954, ein Jahr nach dem Johannesburger Airport Jan Smuts, eröffnet. Er liegt 22 Kilometer östlich von Kapstadt. Ursprünglich war er nach dem südafrikanischen Premierminister D. F. Malan benannt. 2018 beauftragte der Verkehrsminister das Flughafen-Management, den Airport in **Nelson Mandela International** umzubenennen. Als das nicht umgesetzt wurde, schlug man den Namen Winnie Madikizella-Mandela vor, eine Ikone der Anti-Apartheid-Bewegung. Doch gemäß der neuen Verfassung darf das Parlament keine Namensänderungen vornehmen. Dies obliegt dem South African Geographical Names Council. Und von dort kam bisher noch keine Reaktion. Also bleibt es bis auf weiteres bei Cape Town International.

Terminals – 5
Passagiere/Jahr – 11 Mio.
Start- und Landebahnen – 01/19 (3201 m); 16/34 (1701 m)
Flugbewegungen/Jahr – 100.000

Windhoek »Hosea Kutako International«

ICAO: FYWH, IATA: WDH

»HKIA« steht gemeinhin für Hong Kong International Airport. In Namibia denkt man zuerst an den Hosea Kutako International Airport. Er liegt 41 Kilometer außerhalb der Town Hall von Windhoek und wurde 1964 als Windhoek J. G. Strijdom Airport eingeweiht, ein ehemaliger Premierminister von Südafrika. Um aber an die Hereros als frühere Bewohner von »Deutsch-Südwest« zu erinnern, benannte man den Flughafen 1990 nach Hosea Kutako, einem **Herero-Führer** (1870–1970). Viele Sanierungsarbeiten an den namibischen Flughäfen wurden von chinesischen Unternehmen durchgeführt.

Terminals – 1
Passagiere/Jahr – 2 Mio.
Start- und Landebahnen: 08/26 (4532 m); 16/34 (1524 m)
Flugbewegungen/Jahr – 17.000

1
2
3
4
5
6
7
8
9
10
11
12
13
14
15
16
17
18
19
20
21
22
23
24
25
26
27

ASIEN

Luftverkehr in Asien (ohne Naher Osten)
Asien. Das ist vor allem Indien, Indonesien, China, Korea, Japan, Thailand, Malaysia, Singapur, Vietnam, die Philippinen und Taiwan. In all diesen Ländern boomen die Low-Cost-Airlines. Aber Asien ist auch Russland und all die ehemaligen Staaten der Sowjetunion, die an der Weltwirtschaft und am Tourismus teilhaben wollen. Entsprechend werden Flughäfen ausgebaut. Duty-free-Stores und Spezialgeschäfte sorgen dafür, dass die reisende Kundschaft schon am Flughafen die Waren und Marken einkaufen kann, für die ein Land bekannt ist. Hotels spezialisieren sich auf fernöstliche Gäste und nehmen sie gerne schon am Airport in Empfang. Die Flughäfen überbieten sich im Service, im Luxus, in Sauberkeit, auch mit Schwimmbädern, Shopping Malls und Restaurants.

Japan baut seit einigen Jahren seine Flughäfen bevorzugt ins Meer. Die bürgerkriegsähnlichen Proteste gegen den Entlastungsflughafen Tokio Narita haben Wirkung gezeigt. Japaner lieben Fisch. Fischfang ist daher eine wichtige Industrie. Deshalb liegen viele Ballungszentren ohnehin an der Küste und an Taifun-geschützten Buchten. Die wichtigsten Wirtschaftsregionen Tokio-Yokohama, Nagoya, Osaka/Kobe/Kioto, Hiroshima und Kitakyushu haben allesamt »schwimmende Großflughäfen«. Die haben den Vorteil, dass man keine Bauern enteignen muss und dass Flughafengegner keine störenden Türme in den Endanflug bauen können.

← Al Kut Air Base

Die Stadt Kut wurde an einer der vielen Tigris-Schleifen 150 Kilometer südöstlich von Bagdad erbaut.. Auf der Südseite des Flusses liegt die Airbase Al Kut. Bis zur Zerstörung durch die Royal Air Force während Desert Storm 1991 hieß die Basis noch **Ubaydah Bin Al Jarrah Air Base**. Nach dem Wiederaufbau flog die irakische Luftwaffe mit drei Staffeln Su-20/22 und eine Staffel MiG-21 und MiG-23. Nach der Besetzung durch die US-Amerikaner ist hier eine Flugschule untergebracht, und die irakische Luftwaffe fliegt aus Al Kut mit Unterstützung der US-Amerikaner Drohnenangriffe gegen den sogenannten Islamischen Staat.

Start- und Landebahnen – 11R/29L (3550 m); 11L/29R (3000 m)
Flugbewegungen/Jahr: k.A.

Mazar-e-Sharif

ICAO: OAMS, IATA: MZR

Der zivil-militärische Airport liegt acht Kilometer vor den Toren der Stadt. Seit die deutsche Luftwaffe dort die Flugsicherung durchführt, gab es bei rund 12.000 Flugbewegungen pro Jahr trotz gemischtem zivilen und militärischen ISAF-Verkehr mit Passagiermaschinen, Aufklärungsdrohnen, Kampflugzeugen, Aufklärern, Transportern und Hubschraubern aus 50 an ISAF teilnehmenden Staaten nicht einen einzigen Unfall. Der Ort glänzt mit Baudenkmälern von unvergleichlicher Schönheit. Er ist Wallfahrtsort für Schiiten, Sunniten und Aleviten und könnte schon deshalb Ausgangspunkt eines landesweiten, ja islamübergreifenden Friedens sein. Und doch fand genau dort am 21. April 2017 ein Angriff der Taliban während des Freitagsgebets mit 140 Toten statt.

Terminals – 1
Passagiere/Jahr – k.A.
Start- und Landebahnen – 06L/24R (3048 m); 06R/24L (3150 m)
Flugbewegungen/Jahr: k.A.

Kuala Lumpur

ICAO: WMKK, IATA: KUL

Kuala Lumpurs Sepang Airport ist einer der größten Flughäfen in Südostasien. Weit außerhalb der Stadt, in sumpfiges Gelände gebaut, das zuerst trockengelegt werden musste. Der Bau des Flughafens war kühn, der Tower West ist noch immer mit 133 Metern der höchste der Welt. Doch mit dem Erfolg der Billigflieger konnte der Airport nicht fertigwerden. Um das Low-Cost-Terminal herum wurde ein zweiter Flughafen gebaut, KLIA 2, mit einer zusätzlichen parallelen Runway und einem weiteren Tower East. 78 Landungen pro Stunde kann der Flughafen aufnehmen, und natürlich ebenso viele Starts. Sobald die Bereichsradarkontrolle dazu in der Lage sein wird, können sogar 108 Starts und Landungen durchgeführt werden. Die Terminals sind groß genug angelegt, um die erwarteten Passagierströme zu verkraften.

Terminals – 3
Passagiere/Jahr – 3 Mio.
Start- und Landebahnen – 08R/26L (3905 m); 08L/26R (4000 m)
Flugbewegungen/Jahr – k.A.

Port Blair »Veer Savarkar«

ICAO: VOPB, IATA: IXZ

Port Blair ist die Hauptstadt der Andamanen und Nikobaren im Indischen Ozean. Die Stadt hat 100.000 Einwohner. International ist der Flughafen derzeit nur über Indien erreichbar. Er wird seit 1984 von der indischen Marine als Naval Station Utkrosh mitgenutzt. Mehrere indische und thailändische Airlines halten den Kontakt mit dem Festland aufrecht. Der Tsunami vom Dezember 2004 hat hier schwere Schäden angerichtet. Etwa 5000 Menschen kamen damals ums Leben.

Terminals – 2
Passagiere/Jahr – k.A.
Start- und Landebahnen – 04/22 (3290 m)
Flugbewegungen/Jahr – 15.000

Hyderabad »Rajiv Gandhi International«

ICAO: VOHS, IATA: HYD

Erst im Jahr 2008 wurde dieser Flughafen eröffnet. Er ersetzt den alten Begumpet Airport, der längst von der wuchernden Sieben-Millionen-stadt »eingemeindet« worden war. **27 verschiedene Airlines** schaufeln die Passagiere in fast ständig ausgebuchten Maschinen durch Indien und ins Ausland.

Terminals – 1
Passagiere/Jahr – 22 Mio.
Start- und Landebahnen – 09R/27L (4263 m); 09L/27R (3800 m)
Flugbewegungen/Jahr – 190.000

↓ Leh »Kushok Bakula Rimpochee«

ICAO: VILH, IATA: IXL

Leh ist der wichtigste Flughafen von Ladakh in der Hochwüste des indischen Himalaya. Sein Namenspatron ist der Lama Kushok Bakula Rimpochee. Leh wird geradezu heimgesucht von Trekkingtouristen, die sich in das Kaschmir-Gebirge verliebt haben. Buddhistische Wahrzeichen sind überall zu finden. Der große Palast von Leh aus dem 17. Jahrhundert ist einer ehemaligen Residenz des Dalai-Lama nachempfunden. Auf 3400 Meter gelegen, ist die 2755-Meter-Piste eine sportliche Angelegenheit. Da auch die Winde im Gebirge eine entscheidende Rolle spielen, finden alle Starts und Landungen am frühen Morgen statt. An- und Abflug sind unidirektional und wegen des Gebirges im Osten sehr anspruchsvoll. Gleichzeit nennt man den Anflug auf Leh gerade wegen der Gebirgslandschaft rechts und links eines der spektakulärsten Schauspiele der Welt!

Terminals – 1
Passagiere/Jahr – k.A.
Start- und Landebahnen – 07L/24R (2755 m)
Flugbewegungen/Jahr – 6.000

Delhi »Indira Gandhi International«

ICAO: VIDP, IATA: DEL

Delhis Hauptflughafen war von 1930 bis 1962 Safdarjung. Wegen des rapide steigenden Verkehrs verlegte man den Flughafen an den Palam Airport am jetzigen Ort. Palam wurde von den Briten während des Zweiten Weltkriegs gebaut. Nach ihrem Abzug übernahm ihn die indische Luftwaffe. Nach dem Ausbau benannte man ihn 1982 nach Indira Gandhi, der früheren Premierministerin. Trotz wiederholter Erweiterung platzt der Flughafen schon wieder aus den Nähten. Indien hat derzeit mit 15 Millionen Menschen pro Jahr das höchste Bevölkerungswachstum der Welt. Bis 2050 wird die Einwohnerzahl des Landes auf rund 1,66 Milliarden anwachsen. Das spiegelt sich im Luftverkehr wider. Nirgendwo sonst sind die zahlreichen Low-Cost-Airlines auf Wochen hinaus auf fast allen Strecken bis auf den letzten Platz ausgebucht. Das mag auch an den überfüllten Zügen liegen, die immer wieder in schwere Unglücke verwickelt sind. Allein in den letzten 20 Jahren gab es dabei 2700 Tote. Die **Feinstaubbelastung** (PM 2,5) rund um den Flughafen liegt an manchen Tagen zwischen 150 und 250, bisweilen sogar bei 550 Mikrometer. Zum Vergleich: Am Frankfurter Flughafen liegt der Durchschnittswert Wert bei 30 µ.

Terminals – 3
Passagiere/Jahr – 65 Mio.
Start- und Landebahnen – 09/27 (2813 m); 10/28 (3810 m); 11/29 (4430 m)
Flugbewegungen/Jahr – 340.000

Lukla »Tensing-Hillary Airport«

ICAO: VNLK, IATA: LUA

Die Flughäfen in Nepal sind meist schwierig anzufliegen und haben kurze Pisten. Lukla zum Beispiel gilt als **einer der anspruchsvollsten Airports** der Welt. Die 527 m lange Piste hat eine Steigung von fast 20%. Sie liegt auf 2860 m, beginnt an einem Felsvorsprung und endet an einer Felswand. Und trotzdem ist dieser Flughafen für die Wirtschaft Nepals so lebenswichtig, dass die Regierung ihn nach Sir Edmund Hillary und dem Sherpa Tenzing Norgay benannt hat. Etwa 100.000 Passagiere pro Jahr landen auf Tenzing-Hillary. Von Lukla zum Everest sind es 45 Minuten Flugzeit, oder fünf Tage anstrengender Fußmarsch. Da fällt es manchem Nepal-Fan leicht, sich zu entscheiden. Der Flughafen ist nur vom Tal anzufliegen, gegen den Felsen. Nicht nur die Höhe und die Kürze der Bahn sind ein Faktor, sondern das Wetter, die Wolken und der Nebel. Bei einem dramatischen Unfall am 8.10.2008 gab es 18 Tote.

Terminals – 1
Passagiere/Jahr – k.A.
Start- und Landebahnen – 06 (nur Landung) (527 m); 24 (nur Start) (527 m)
Flugbewegungen/Jahr – k.A.

Kathmandu »Tribhuvan«

ICAO: VNKT, IATA: KTM

Wenn ein ganzes Land **vom Luftverkehr abhängig** ist, dann ist es Nepal. 28 Millionen Menschen hängen davon ab, dass das Nadelöhr Kathmandu offenbleibt. Der Airport besitzt eine einzige Piste, ein internationales und ein Inlandsterminal mit acht Stellplätzen. Ein Stellplatz wurde 2015 durch eine türkische A330 belegt, die dort kurz vor einem großen Erdbeben eine Bruchlandung hingelegt hatte. Auf dem Airport gibt es sonst nur noch Parkflächen für die kleinen Inlandsmaschinen vom Typ Twin-Otter. Damit ist der Platz für die Entladung großer Flugzeuge bereits erschöpft. Bei dem Erdbeben von 2015 wurde der flüchtig reparierte Asphalt der Piste auch noch durch superschwere amerikanische Transporter vom Typ C-17 Globemaster mit einem Landegewicht von etwa 200 Tonnen weiter beschädigt. Fortan mussten deshalb kleinere Cargo-Flugzeuge die Fracht anliefern. Das bedeutete, dass die Hilfe im großen Stil gar nicht zeitnah durch diesen Trichter geschleust werden konnte. Auch die Flugsicherung in Nepal konnte das dichte Flugverkehrsaufkommen nicht verkraften. Kathmandu ist zwar nicht der einzige Flughafen des Landes, aber der mit der längsten Piste. So mussten alle Hilfsflüge auf indische Flughäfen umgeleitet werden, wo die Crews dann entweder auf ihren Slot warteten oder abluden, im Vertrauen darauf, dass die Güter auch irgendwann nach Nepal gelangten. Gleichwohl bat das gebeutelte Land die Weltgemeinschaft um zwei Millionen Zelte, Wasser, Nahrungsmittel und Medikamente.

Der nächste Engpass ist stets das Entladungsequipment, das nicht in ausreichender Menge vorhanden ist. Schließlich wusste man schon gar nicht mehr, wohin mit den Flugzeugladungen, denn die wichtigste und einzige Straße in Richtung Epizentrum war vielerorts verschüttet. Schweres Räumgerät in die Erdbebenregion zu bringen, war nicht nur deshalb fast unmöglich. Die abenteuerlichen Bergstraßen sind dafür gar nicht gebaut.

Übrigens: Da man das türkische Großraumflugzeug nicht wegräumen konnte, wurde es ein Jahr später zerlegt und in einen Nachbarort transportiert. Dort schweißte man es wieder zusammen und baute es zu einem Museum um, in dem für den Nachwuchs im Luftverkehr geworben wird.

Terminals – 2
Passagiere/Jahr – 3 Mio.
Start- und Landebahnen – 02/20 (3050 m)
Flugbewegungen/Jahr – 125.000

Bangkok Suvarnabhumi

ICAO: VTBS, IATA: BKK

Suvarnabhumi sollte den alten Flughafen Don Mueang ersetzen, weil dieser an seiner Kapazitätsgrenze angekommen war. Der neue Airport wurde in einem Sumpfgelände errichtet und 2006 in Betrieb genommen. Obwohl er lange als eine gigantische Fehlkonstruktion verrufen war, gehört Suvarnabhumi vom Konzept her zu einem der besten Flughäfen Asiens. Nur der hohe Grundwasserspiegel bereitet Probleme. Schließlich liegt der Flughafen gerade mal 2 Meter über Meereshöhe. Oft müssen Aufschüttungen und Betonflächen nachgebessert werden. In dieser Zeit kann es zu Schließungen der Pisten kommen.

2008 besetzten aufgebrachte Demonstranten für Wochen den Flughafen, worauf 350.000 Touristen in Thailand festsaßen. Duty-free-Shops sind nicht vom übrigen Bereich deutlich abgegrenzt. So warnt das irische Außenministerium, dass Kunden, die eine unbezahlte Ware in der Hand halten, und ein paar Schritte zur Seite gehen, um jemandem Platz zu machen, Gefahr laufen, als Ladendiebe verhaftet zu werden. Und in einer dänischen Reisewarnung liest man, »Wer ohne Kassenzettel bei einer Kontrolle mit neuer Ware angetroffen wird, kann leicht für Wochen in einem thailändischen Gefängnis verschwinden, es sei denn er gibt einen Diebstahl zu und bezahlt eine saftige Strafe.«

Terminals – 1
Passagiere/Jahr – 53 Mio.
Start- und Landebahnen – 10/28 (2292 m); 15/33 (1372 m)
Flugbewegungen/Jahr – 355.000

Panglao

ICAO: RPSP, IATA: TAG

Wenn man ein Inselreich wie die Philippinen mit seinen 7641 Inseln zusammenhalten will, braucht es ein leistungsfähiges Transportwesen. Auf den Philippinen besteht das in erster Linie aus Fähren. Die sind jedoch häufig überfüllt. Viele Unfälle passieren vor allem in der Taifun-Saison zwischen Juli und Oktober, wenn überladene Schiffe kentern. Flugzeuge sind die Alternative. Fast jede Insel hat mindestens einen Flughafen. Je nachdem, welche Maßstäbe man anlegt, gibt es also hunderte von ihnen. Zählt man nur die staatlichen, sind es 85 Airports. Dazu gehört auch Panglao auf der gleichnamigen Insel. 2018 ging er ans Netz.

Terminals – 1
Passagiere/Jahr – 2 Mio.
Start- und Landebahnen – 03/21 (2500 m)
Flugbewegungen/Jahr – k.A.

→ Manila »Ninoy Aquino«

ICAO: RPLL, IATA: MNL

Der internationale Flughafen von Manila wurde nach dem Politiker Benigno Aquino Junior benannt, der damals die Opposition gegen Präsident Ferdinand Marcos anführte. Marcos ließ ihn 1972 verhaften. Aquino trat 1975 in einen 40-tägigen Hungerstreik. 1977 wurde er zum Tode verurteilt, das Urteil wurde aber nicht vollstreckt. 1980 durfte er nach einem Herzinfarkt in die USA zur Behandlung ausreisen. Er führte vom Exil aus die Opposition.1983 kehrte er auf eigenen Wunsch zurück. Imelda Marcos warnte ihn davor. Als er in Manila aus dem Flugzeug stieg, wurde er auf dem Flughafen erschossen, der heute seinen Namen trägt. Zwei Millionen Menschen nahmen an seiner Beerdigung teil! Seine Witwe Corazon Aquino wurde 1986 zur Präsidentin gewählt. Sein Sohn Benigno Aquino III. wurde 2010 Präsident, bis er 2016 von Rodrigo Duterte abgelöst wurde. Wie lange dieser Flughafen noch aktiv sein wird, ist ungewiss. Die Stadt ist bis an den Zaun gewachsen, eine Erweiterung ist nicht mehr möglich. Ein neuer Flughafen weit außerhalb Manilas ist in Planung. Eine Alternative wäre, die ehemalige amerikanische Clark.A.r Base auszubauen. Der Nachteil ist, Clark ist 100 km nördlich von Manila.

Terminals – 4
Passagiere/Jahr – 35 Mio.
Start- und Landebahnen – 06/24 (3737 m); 13/31 (2258 m)
Flugbewegungen/Jahr – 240.000

Ho Chi Minh City »Tan Son Nhat«

ICAO: VVTS, IATA: SGN

Bei Tan Son Nhat handelt es sich um den ehemaligen Flughafen **Saigon**. Nach der Eroberung Südvietnams und der Hauptstadt Saigon benannten die neuen Herrscher die Stadt nach ihrem früheren Staatschef Ho Chi Minh. Der IATA-Code SGN ist wohl das letzte offizielle Relikt, das vom alten Namen noch übrigblieb.

Terminals – 2
Passagiere/Jahr – 42 Mio.
Start- und Landebahnen – 07R/25L (3800 m); 07L/25R (3048 m)
Flugbewegungen/Jahr – 115.000

Shanghai »Pudong«

ICAO: ZSPD, IATA: PVG

Der alte Flughafen Hongqiao, der 1907 erbaut und immer wieder erweitert wurde, lag längst in der Stadtmitte der Megametropole. Er war außerdem mit Inlandsflügen bereits überlastet. Also musste ein **neuer Großflughafen** her. Die Standortwahl fiel auf Pudong, direkt an einer Flussmündung. Die Randlage überbrückte man mit dem in Deutschland gebauten Transrapid, der auf dem 30 Kilometer langen Fahrweg zum Messezentrum immerhin eine Geschwindigkeit von 431 km/h erreicht. Der Flughafen soll zu einer Kapazität von 80 Millionen Passagieren ausgebaut werden.

Terminals – 2
Passagiere/Jahr – 60 Mio.
Start- und Landebahnen – 16R/34L (3800 m); 16L/34R (3800 m); 17L/36RL (4000 m); 17R/35L (3400 m)
Flugbewegungen/Jahr – 240.000

SINGAPORE AIRLINES

Beijing »Daxing Airport«

ICAO: ZBAD, IATA: PKX

So geht Flughafen! In vier Jahren Bauzeit bauten die Chinesen einen Mega-Airport mit 700.000 Quadratmetern Terminalfläche, derzeit 4 Start- und Landebahnen, 186 Boarding-Gates, 422 Check-in-Schaltern, 3.000 Displays für Fluginformationen, 63 Gepäckbändern und 50 Fluggastbrücken. Vorgesehen nach der nächsten Ausbaustufe sind 8 Pisten. Dabei wurde der Capital Airport im Norden der Hauptstadt nicht etwa geschlossen. Der neue soll ihn ergänzen. Sicherlich wird der Wettstreit um den Superlativ »Größter Airport der Welt« zwischen Beijing und Istanbul dadurch befeuert. Die goldfarbene extravagante Dachkonstruktion erinnert an einen Seestern. Der Entwurf stammt von der irakischen Architektin Zaha Hadid. Sie definierte ihren Stil als »eine Eleganz geordneter Komplexität mit nahtloser Fließfähigkeit«, wie man sie in natürlichen Systemen findet. Der Flughafen ist auch sehr funktional: Jeder Terminal-Arm misst vom Mittelpunkt etwa 600 Meter, die Fluggäste müssen also nicht so weit laufen. Das Gebäude hat drei Stockwerke und bietet viel Platz für Zerstreuung durch Restaurants, Shops und mehr. Der Giga Airport ist – erstaunlich, erstaunlich – ein Flughafen der kurzen Wege geworden.

Natürlich ist die kurze Bauzeit eine Steilvorlage für allerlei hämische Vergleiche zu dem BER-Desaster. So habe Berlin die Chinesen angeblich gebeten, den BER fertigzubauen. Die Ablehnung wurde wie folgt begründet: »Wegen **einer** Nachtschicht schicken wir keine Arbeiter nach Deutschland.«

Terminals – 1
Passagiere/Jahr – 100 Mio.
Start- und Landebahnen – 17R/35L (3800 m); 17L/35R (3800 m); 11L/29R (3800 m); 01L/19R (3400 m) + 4 Pisten in Planung
Flugbewegungen/Jahr – 600.000

Urumqi »Diwopu«

ICAO: ZWWW, IATA: URC

Urumqi liegt im Gebiet der **Uiguren**. Die 3,5-Millionen-Stadt erfährt derzeit viel Aufmerksamkeit sowohl von der chinesischen Regierung als auch aus dem Ausland. Während der frühere Staatschef Deng Xiaoping die autonome Region weitgehend gewähren ließ, möchte Xi Jinping die Entwicklung der überwiegend muslimischen Uiguren unter Kontrolle behalten. Daher ist es spannend zu beobachten, dass in den letzten zwei Jahren eine rege Ausbautätigkeit an dem Flughafen mit zwei weiteren Pisten und einem neuen Terminal stattfindet.

Terminals – 4
Passagiere/Jahr – 25 Mio.
Start- und Landebahnen – 07/25 (3600 m); im Bau (3600 m); im Bau (3200 m)
Flugbewegungen/Jahr – 180.000

Macau

ICAO: VMMC, IATA MFM

Macau war bis 1999 unter portugiesischer Verwaltung. Die Insel lag mehr oder weniger im Luftfahrt-Schatten des nur 60 Kilometer entfernten Hongkong. Das änderte sich, als am 9. November 1995 der neu gebaute Flughafen den Testbetrieb eröffnete. Einen Monat später übergab der portugiesische Staatspräsident Mario Soares Macau International Airport offiziell seiner Bestimmung. Air Macau hatte damit ihren Heimatflughafen.

Terminals – 1
Passagiere/Jahr – 10 Mio.
Start- und Landebahnen – 16/34 (3360 m)
Flugbewegungen/Jahr – 80.000

← + ↑ Hongkong

ICAO: VHHH, IATA: HKG

Jeder Luftfahrtenthusiast erinnert sich an den alten Hongkonger Flughafen Kai Tak. Ein Anflug auf die Stadt, gegen den Felsen, das rot-weiße Checkerboard, wo die **berüchtigte 180-Grad-Hongkong-Kurve** eingeleitet werden musste, um dann im steilen Sinkflug zwischen den Wolkenkratzern eine Piste zu treffen, die hinaus ins Meer führte! Was für eine Entlastung, als man einen neuen Airport auf die Insel Lantau baute! Bequem anfliegbar aus beiden Richtungen! Viel Platz zum Abstellen der Dickschiffe. Leicht erreichbar von der Stadt mit einem High-Speed-Train. Check-in schon in Kowloon, das Gepäck erhielt man dann zuverlässig an seinem Zielort.

Das war nicht von Anfang an so. 20 verschiedene Unternehmen bauten 20 unterschiedliche Airport-Facilities, vom Fluginformationssystem bis zum Baggage-Handling. Die Systeme mussten mit 700 Kilometer Glasfaserkabel in einem gemeinsamen Zentralcomputer zusammengeführt werden. Trotz einer langen Testreihe, zuletzt mit 10.000 Angestellten des Airports, und trotz gründlichem Training des Personals war das Resultat das blanke Chaos: Flüge starteten ohne Gepäck, auf einem Flughafenmodell musste die Einsatzplanung Plastikmodelle hin- und herschieben, um den Überblick zu behalten, wer gerade wo war. Tankfahrzeuge irrten auf dem Vorfeld umher und fragten die ratlosen Cockpitbesatzungen, wer gerade Sprit bestellt hatte. Airlines telefonierten mit verwirrtem Bodenpersonal, um zu erfahren, wo verwirrte Passagiere ihr Gepäck finden konnten. Die Bediener gerieten in Panik, als das System keine Bordkarten ausdruckte – eine menschliche Reaktion. Und ebenso menschlich ist es, in der Panik noch mehr falsche Eingaben zu machen, was alle Computer, einschließlich der Flugsicherungscomputer, zum Absturz brachte. Schließlich wurde zusätzliches Personal zum Dienst gerufen, das von Hand Bordkarten ausstellte und schwitzend und fluchend Gepäckstücke zu den um Stunden verspäteten Maschinen schleppte.

Das 600 Millionen Euro teure System von Siemens, Van-der-Lande, Swire und Honeywell war zwar bis in die letzten Kapillaren ausgeklügelt. Es konnte 20.000 einzelne Gepäckstücke pro Stunde betreuen, vom Check-in-Schalter zum Flugzeug und vom Flugzeug zum Gepäckkarussell. Es steuerte ein Flugsicherungssystem, das den Controllern Prioritäten nach Bodenbewegungen und Wirbelschleppen empfahl und wies den gelandeten Maschinen sogar Flugsteige zu nach Höhe der Kosten, die für die Kühlung der Warteräume für die Passagiere aufgebracht werden mussten. Aber irgendwo war der Wurm drin, oder gar ein Virus, und so brach alles zusammen. In der äquatorialen Hitze verrottete verderbliche Fracht, nachdem eine falsche Eingabe die Stückgutlisten löschte. Fracht-Firmen gingen dabei zugrunde.

Heute funktioniert der Airport reibungslos. Hongkong hat derzeit eher andere Sorgen.

Terminals – 2
Passagiere/Jahr – 86 Mio.
Start- und Landebahnen – 07R/25L (3800 m); 07L/25R (3800 m)
Flugbewegungen/Jahr – 450.000

↑ Taoyuan

ICAO: RCTP, IATA: TPE

30 Kilometer westlich von Taipeh liegt der Flughafen Taiwan Taoyuan. Seit seiner Eröffnung im Jahr 1970 trug der Airport den Namen des früheren Präsidenten Chiang Kai-Shek. Festland-China empfand das stets als Provokation. Erst 2006 wurde der Flughafen als Zeichen der Entspannung nach der nächstgelegenen Stadt Taoyuan umbenannt. Allerdings ist die Abkürzung CKS noch immer zu finden. Am 31. Oktober 2000 startete eine Boeing 747 im nächtlichen Regen auf einer teilweise gesperrten Parallelbahn und **krachte in abgestellte Baumaschinen**. Der Pistenkopf war ungenügend markiert. Seitdem wird diese Bahn nur noch als Rollweg benutzt.

Terminals – 4
Passagiere/Jahr – 50 Mio.
Start- und Landebahnen – 05R/23R (3660 m); 05R/23L (3800 m)
Flugbewegungen/Jahr – 275.000

Matsu Beigan

ICAO: RCMT, IATA: MFK

Die Matsu-Inseln mit den Gemeinden Nangan, Beigan, Juguan und Dongyin gehören politisch zu Taiwan, liegen aber gerade mal 12 Kilometer vor dem chinesischen Festland. Nangan hat 7000 Einwohner, Beigan 2500. Nur diese beiden Orte besitzen einen Flughafen. **Der ehemalige Militärflugplatz** Beigan wurde im Zeichen der Entspannung zum zivilen Flughafen umgewidmet. Seitdem sind die Matsu-Inseln ein beliebtes Touristenziel.

Terminals – 1
Passagiere/Jahr – 0,1 Mio.
Start- und Landebahnen – 03/21 (1150 m)
Flugbewegungen/Jahr – 2000

Ulaanbaatar »Chinggis Khaan International«

ICAO: ZMUB, IATA: ULN

Obwohl auch wohlwollende Recherchen in die mongolische Fliegerei bestenfalls bis ins Jahr 1946 zurückreichen, verweisen offizielle Quellen gerne auf den 25. Mai 1925, als eine **F-13 von Hugo Junkers** (mongolischer O-Ton: »Yonkers-13 of the German Designer Gugo«) in Ulan Bator landete. Doch es dauerte gut zwanzig Jahre, bis mit Hilfe der sowjetischen Verbündeten ein Inlands-Post- und Passagierdienst aufgenommen wurde. Kleine Orte in den Provinzen Dund-Gobi, Sainshand, Undurkhaan und Sukhbaatar werden mit Ulaanbaatar fortan mehr oder weniger regelmäßig verbunden. 1961 bekam der Flughafen eine asphaltierte Piste, 1986 ein Terminal, das diesen Namen auch verdient. Am 21. Dezember 2005 feierte die Mongolei ihr 800-jähriges Bestehen. Der Flughafen bekam zu diesem Anlass den Namen Chinggis Khaan.

Terminals – 1
Passagiere/Jahr – 1 Mio.
Start- und Landebahnen – 14/32 (3100 m); 15/33 (2005 m)
Flugbewegungen/Jahr – 15.000

04

← Batu Hijau, Sumbawa

ICAO: -, IATA: -

1999 wurde im Westen der Insel Sumbawa eine »porphyrische Lagerstätte« von **Kupfer und Gold** gefunden. Eine australische Mining Company erhielt die Schürfkonzession. Eine Siedlung für die Belegschaft wurde gebaut, Freizeitanlagen entstanden, ein kleiner Flugplatz angelegt. Im Jahr 2000 begann der Abraum. Inzwischen hat die Grube einen Durchmesser von 2,7 Kilometer und eine Tiefe von über 500 Meter. Die bisherige Ausbeute sind 150 Millionen Pfund Kupfer und 71.000 Unzen Gold.

Start- und Landebahnen – 04/22 (800 m)
Flugbewegungen/Jahr – k.A.

Singapur »Changi«

ICAO: WSSS, IATA: SIN

Singapur ist das Drehkreuz von Südostasien, besonders jetzt, da die Zukunft des Handels- und Wirtschaftsstandortes Hongkong in Frage gestellt wird. Singapur ist multiethnisch, friedlich, freundlich und sauber sowie verkehrstechnisch hervorragend erschlossen. Der Flughafen wurde über Jahrzehnte zum besten Airport der Welt gewählt. Der ÖPNV der Drei-Millionen-Stadt funktioniert reibungslos, da fügt sich der Flughafen Changi nahtlos ein. Er ist nicht nur funktional, sauber und freundlich, jedes der vier Terminals besteht aus festlichen Hallen, die allesamt zum Verweilen (und Geldausgeben) einladen. Schwimmbäder, Ausstellungen, Live-Konzerte, Läden, Restaurants, in denen man die Küchen der ganzen Welt wiederfindet. Ruhezonen, Schwimmbäder, Koi-Teiche, Palmengärten, begehbare Schmetterlingsvolieren, Wasserfälle – Changi ist neben seiner Funktion als Tor zur Welt ein Freizeitpark, in dem Familien aus der Stadt ihre Sonntage verbringen, voll klimatisiert und weltoffen. Entsprechend entspannt ist die Einstellung der Bevölkerung zum Flugverkehr.

Terminals – 4
Passagiere/Jahr – 70 Mio.
Start- und Landebahnen – 02C/20C (4000 m); 02R/20L (2748 m); 02L/20R (3260 m)
Flugbewegungen/Jahr – 382.000

Pjöngjang »Sunan«

ICAO: ZKPY, IATA: FNJ

12 Check-in Schalter, ein Duty-free-Laden, ein paar Restaurants, einen Gift-Shop und ein Café. Passagierzahlen werden nicht bekanntgegeben, die staatliche Air Koryo mit ihrem alten russischen Gerät wurde erst vor wenigen Jahren zur schlechtesten Fluggesellschaft der Welt gewählt. Das Terminal wurde vor Fertigstellung auf Anordnung von Kim Yong Un zumindest teilweise mehrfach abgerissen. Der Architekt und sechs am Bau beteiligte Verantwortliche sind angeblich hingerichtet worden. Sie seien unfähig gewesen, Befehle zu befolgen und ein Terminal zu errichten, das den Ansprüchen des Herrschers entsprach. Das sind doch Bauaufträge, um die man sich reißt! Das Interessante an diesem Flughafen ist: Er hat auf einer Seite eine Rollwegverbindung zu einer benachbarten Air Base und zur anderen Seite Rollwege zu Flugzeugbunkern, was Pjöngjang zu einem der 13 Kavernenflugplätzen Nordkoreas macht.

Terminals – 3
Passagiere/Jahr – k.A.
Start- und Landebahnen – 17/35 (3435 m); 01/19 (3800 m)
Flugbewegungen/Jahr – k.A.

Seoul »Incheon«

ICAO: RKSI, IATA: ICN

Südkorea ist schon seit langem ein Hi-Tech-Staat. Dort hat der Tag gewissermaßen 35 Stunden, die Woche gar zehn Tage. Diesen Eindruck bekommt man, wenn man versucht, den dicht getakteten Stundenplan eines Koreaners zu begleiten, sei er nun Wissenschaftler, Student, Kellner oder Bauarbeiter. Das Land scheint außer Atem zu sein, bestrebt, den Anschluss an die Weltspitze nicht zu verlieren. Elektronische Steuerungen ermöglichen eine hohe Schlagzahl, vom intelligenten Verkehrssystem über die **führerlosen Metrozüge** zwischen Seoul und dem Megaflughafen Incheon, Stauanzeigen für überfüllte Stadtautobahnen, berührungsfreie Bezahlsysteme vom Supermarkt bis zur Restaurantkasse. Elektronische Zugangskontrollen an den Bahnhöfen vermeiden einerseits Schwarzfahrten, andererseits unnötige Staus. Die elektronischen Duschtoiletten mit Sitzheizung, Warmwasser und Warmlufttrockner sind auch im Flughafen allgegenwärtige Selbstverständlichkeiten. Der Airport ist so konzipiert, dass er nach Bedarf beliebig erweitert werden kann.

Terminals – 2
Passagiere/Jahr – 60 Mio.
Start- und Landebahnen – 15R/33L (3750 m); 15L/33R (3750 m); 16/34 (4000 m)
Flugbewegungen/Jahr – 350.000

Kobe

ICAO: RJBE, IATA: UKB

Japan hat nach dem Narita-Desaster begonnen, **Großflughäfen auf künstliche Inseln** ins Meer zu bauen, wo Bauern keine Barrikaden, und Demonstranten keine Türme im Anflugsektor errichten konnten. Kansai, Nagoya, Kobe sind gute Beispiele. Die Baukosten für Kobe beliefen sich auf knapp 3 Milliarden Euro. Der Bau des Flughafens Kansai bei Osaka mit zwei Runways verschlang hingegen 20 Milliarden. In Betracht zu ziehen sind auch Folgekosten, weil es einen Trend gibt, dass sich der Untergrund senkt und nachverdichtet werden muss.

Terminals – 1
Passagiere/Jahr – 4 Mio.
Start- und Landebahnen – 09/27 (2500 m)
Flugbewegungen/Jahr – 30.000

← Tokio »Narita«

ICAO: RJAA, IATA: NRT

Die **unglückliche Planung** dieses Flughafens geht in die 1960er-Jahre zurück. Haneda platzt aus allen Nähten, in der Bucht von Tokio ist kein Platz, und Landaufschüttung im Meer war damals zu kostspielig. Der geeignete Ort für einen neuen internationalen Flughafen schien Narita zu sein, etwa 60 Kilometer von Tokios Stadtmitte entfernt. Die Bauphase wurde fast zum Bürgerkrieg. Die mit der Enteignung nicht einverstandenen Bauern protestierten, der Streit eskalierte mit fünf Toten und 3800 Verletzten. Narita konnte 1978 lediglich mit einer statt drei Landebahnen eröffnet werden. Die zweite Piste wurde erst 2002 »fertiggestellt«. Genauer gesagt, sie wurde vor dem eingezäunten Grundstück des sich hartnäckig weigernden Geflügelzüchters Shoji Shimamura nach 2100 Metern Länge gestoppt. Das ist zu kurz, um mit Langstreckenmaschinen darauf zu landen. Man verlängerte die Bahn zwar in die andere Richtung auf 2500 Meter, trotzdem ist sie für einen internationalen Airport zu kurz. Der Flughafen Haneda musste nun doch erweitert werden und Narita wurde zu einem der teuersten Airport-Desaster der Welt. Noch heute wundern sich Fluggäste über die peniblen Kontrollen schon bevor man das Terminal erreicht und die noch immer stattfindenden Demonstrationen. Am 1. Dezember 1999 erhielten Shimamura und seine Mitstreiter eine schriftliche Entschuldigung des Transportministers. Mittlerweile plant die Regierung einen dritten Großflughafen.

Terminals – 3
Passagiere/Jahr – 40 Mio.
Start- und Landebahnen – 16R/34L (4000 m); 16L/34R (2500 m)
Flugbewegungen/Jahr – 275.000

Tokio »Haneda«

ICAO: RJTT, IATA: HND

Haneda sollte einst geschlossen und von Narita ersetzt werden. Wegen des erbitterten Widerstandes blieb nichts anderes übrig, als Haneda als zweiten Airport weiter zu betreiben. Dazu musste er jedoch umfassend ausgebaut werden. Wegen seiner **Stadtnähe** ist er inzwischen beliebter als Narita. Mittlerweile werden von Haneda aus die Nachbarländer wieder angeflogen, und man denkt auch über eine vierte Runway an einem Ort nach, wo keine Bauern ihre Äcker besetzen können. Das Wasser an dieser Stelle ist etwa 20 Meter tief – wie beim Kansai Airport in Osaka. Heute erinnert Haneda eher an einen City-Bahnhof mit angeschlossenem Einkaufszentrum. Bunte Geschäfte, freitragende Rolltreppen und Restaurants lassen vergessen, dass man sich überhaupt auf einem Flughafen befindet.

Terminals – 3
Passagiere/Jahr – 81 Mio.
Start- und Landebahnen – 04/22 (2500 m); 16R/34L (3000 m); 16L/34R (3360 m); 05/23 (2500 m)
Flugbewegungen/Jahr – 410.000

OZEANIEN/AUSTRALIEN

1 = Wellington, Seiten 118/119
2 = Tuuta, Seite 120
3 = Melbourne, Seite 121
4 = Sydney, Seite 122
5 = Hamilton Island, Seite 124
6 = Henderson Field, Seite 125

Luftverkehr im Pazifik
Wenn man sagen kann, dass das Leben auf der südlichen Halbkugel geruhsamer ist als auf der nördlichen Hemisphäre, dann trifft das ganz besonders auf die Region von Australien und Ozeanien zu. Den Namen Pazifik prägte Ferdinand Magellan, weil ihm das Wasser nach der Umrundung von Kap Hoorn so friedlich vorkam. Gleichwohl toben auch hier große Hurrikane und Taifune, die die Airlines zu großräumigen Umwegen zwingen. Daher ist es wichtig, dass es auch in Ozeanien eine große Zahl von möglichen Ausweichflughäfen gibt.

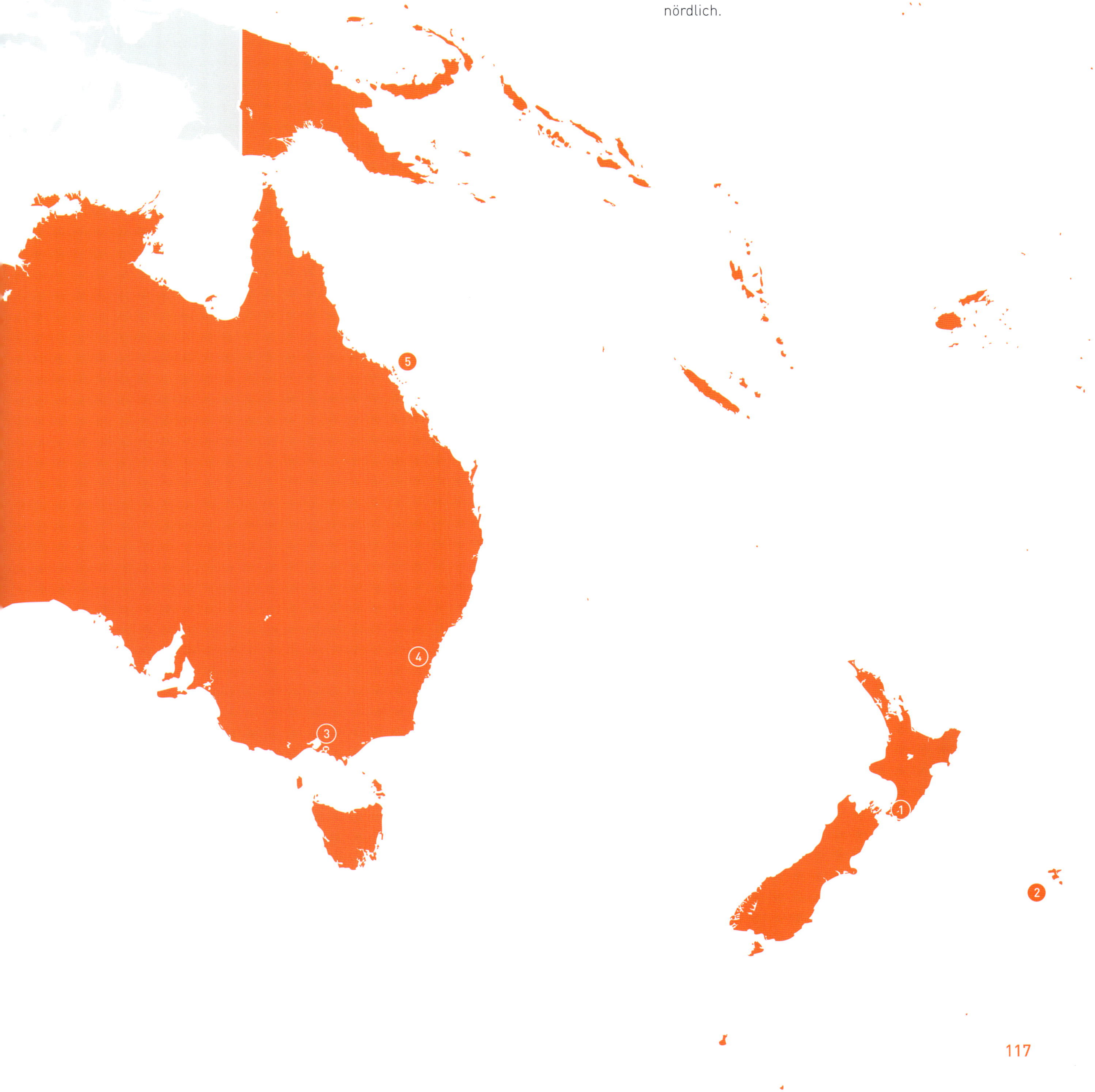

6 Henderson Field liegt auf Sand Island (Midway Atoll) etwa 2200 Kilometer weiter nördlich.

Wellington

ICAO: NZWN, IATA: WLG

Der Hauptstadtflughafen ist in seiner Bedeutung die Nummer drei hinter Auckland und Christchurch. Wer vom Ausland nach Neuseeland reist, landet in Auckland, wo 1,5 Millionen Menschen leben, nicht etwa im Südzipfel der Nordinsel, an einer kleinen Bucht namens Wellington Harbour mit seinen 215.000 Einwohnern. Das mag wohl daran liegen, dass Wellington die **windigste Stadt der Welt** ist. Dort wurden Spitzengeschwindigkeiten von 247 km/h gemessen. Täglicher Durchschnitt ist um die 27 km/h. Gut für die 62 Windturbinen und die Stromversorgung der Stadt. Luftverschmutzung und Feinstaub sind dort unbekannt, Hüte auch. Landungen auf dem Flughafen mit der 2000 Meter langen Piste erfordern viel Fingerspitzengefühl.

Terminals – 2
Passagiere/Jahr – 7 Mio.
Start- und Landebahnen – 16/34 (1936 m)
Flugbewegungen/Jahr – 85.000

Tuuta, Chatham Islands

ICAO: NZCI, IATA: CHT

Die Chatham Islands liegen 750 km östlich von Wellington. Es gibt Liniendienste mit Air Chathams nach Auckland, Christchurch und Wellington. Auf Chatham leben **564 Einwohner**, das ergibt eine Bevölkerungsdichte von weniger als einem Menschen pro Quadratkilometer.

Terminals – 1
Passagiere/Jahr – k.A.
Start- und Landebahnen – 05/23 (1360 m)
Flugbewegungen/Jahr – k.A.

Melbourne »Tullamareena«

ICAO: YMML, IATA: MEL

Tullamareena war ein Aborigine, der **gegen die britischen Siedler Widerstand** leistete. 1838 wurde er wegen angeblichen Diebstahls eines Schafes verhaftet und eingesperrt. Doch mit Hilfe seiner Brüder entkam er bereits in der folgenden Nacht, wobei das Gefängnis in Flammen aufging. Tullamareena wurde einige Zeit später wieder gefangen, per Schiff nach Sydney gebracht und vor Gericht gestellt. Doch der Prozess musste fallen gelassen werden, weil der Aborigine kein Englisch verstand. 700 Kilometer von seinem Zuhause entfernt, wurde er freigelassen. Heute ist der Airport von Melbourne nach ihm benannt.

Terminals – 3
Passagiere/Jahr – 3 Mio.
Start- und Landebahnen – 08R/26L (3905 m); 08L/26R (4000 m)
Flugbewegungen/Jahr – 240.000

16
R

Sydney »Kingsford-Smith«

ICAO: YSSY, IATA: SYD

Der Namensgeber, Sir Charles Edward Kingsford-Smith, war ein australischer Flugpionier. 1917 flog er im Ersten Weltkrieg in der Dardanellen-Schlacht zusammen mit Engländern, Neuseeländern und Franzosen Angriffe gegen türkische Truppen, in deren Verlauf er abgeschossen wurde, aber überlebte. Später flog er als einer der ersten Airline-Piloten in Australien. Seine wahrscheinlich größte Leistung war der **Soloflug** von Kalifornien nach Down Under im Jahr 1928. Die erste Teilstrecke führte ihn in 27 Stunden von Oakland nach Hawaii. Die zweite Etappe nach Fiji war 5000 km lang und dauerte fast 35 Stunden. Bis nach Brisbane waren es dann noch einmal 20 Stunden. Der wichtigste Airport in Australien hat ein strenges Nachtflugverbot von 23 bis 6 Uhr. Da bisweilen das Wetter in der erlaubten Zeit einen Start oder eine Landung nicht zulassen, kann es durchaus passieren, dass Reisende an ihrem geplanten Reisetag nicht fliegen können. Verstöße gegen das Flugverbot werden mit bis zu einer halben Millionen Dollar geahndet.

Terminals – 2
Passagiere/Jahr – 41 Mio.
Start- und Landebahnen – 04/22 (3290 m)
Flugbewegungen/Jahr – 330.000

← Hamilton Island

ICAO: YBHM, IATA: HTI

Rund um Australien gibt es Inselgruppen, die mit christlichen Feiertagen zu tun haben: Pfingstinseln, Weihnachtsinsel, Osterinsel. Die Entdecker James Cook, William Mynors und Jacob Roggeveen benannten sie nach den Tagen ihrer Entdeckung. Auf dem Great Barrier Reef im Nordosten Australiens bedient ein **aufgeschütteter Flughafen** den Ferienort Hamilton, der zum Beispiel gerne für romantische Hochzeiten genutzt wird. Diese Whitsunday Islands (Pfingstsonntagsinseln) sind eines der beliebtesten Touristenziele Australiens.

Terminals – 1
Passagiere/Jahr – k.A.
Start- und Landebahnen – 14/32 (1704 m)
Flugbewegungen/Jahr – k.A.

Henderson Field und weitere Pazifische Atolle

ICAO: PMDY, IATA: MDY

Es sind nur unscheinbare Koralleninseln in den Weiten des Pazifischen Ozeans: Wake Island, Majuro, Kiribati, Midway. Als aber im Jahr 2009 der amerikanische Fish & Wildlife Service (FWS) bekannt gab, er werde aus Kostengründen den alten, mitten im Pazifik gelegenen Flughafen Henderson Field auf dem Midway Atoll nicht mehr länger offenhalten, schrillten bei Boeing in Seattle die Alarmglocken. Warum? Midway ist kein zufälliger Name. Es gehört zu der Gruppe der Hawaii-Inseln und liegt ziemlich genau auf dem halben Weg zwischen dem nordamerikanischen und dem asiatischen Kontinent. Midway wurde durch eine erbitterte Seeschlacht im Zweiten Weltkrieg bekannt. Später bauten die USA einen Flughafen mit drei Pisten darauf. Heute brüten dort etwa 1,5 Millionen Albatrosse auf der Inselgruppe, jede Landung dort birgt ein hohes Vogelschlagrisiko. Nicht zuletzt deshalb gab die US Navy den Flughafen auf. Er wurde fortan vom FWS gemanagt. Als jedoch deren Etat immer weiter gekürzt wurde, war das Ende besiegelt. Der Flughafen wurde 2009 aus dem World-Port-Index abgemeldet. Jetzt kommt Boeing ins Spiel. Midway war das Verkaufsargument für die zweistrahlige Boeing 777 gegenüber dem vierstrahligen Airbus A340. Würde aber jetzt im Pazifik plötzlich kein Notlandeplatz mehr zur Verfügung stehen, wären Airlines aus dem pazifischen Raum gezwungen, zeitraubende und teure Umwege in sicherer Reichweite der Küsten zu fliegen, um bei einem Triebwerksausfall das Flugzeug noch sicher auf den Boden bringen zu können. Das würde die Boeing-Kunden womöglich Airbus in die Arme treiben, deren vierstrahlige A340 keinen solchen Beschränkungen unterlag. In den letzten 20 Jahren mussten sich mindestens drei Großraumflugzeuge mit zusammen mindestens tausend Passagieren dorthin retten. Und deshalb sind all die Atolle im Pazifik so wichtig.

Terminals – 1
Passagiere/Jahr – k.A.
Start- und Landebahnen – 06/24 (2377 m)
Flugbewegungen/Jahr – k.A.

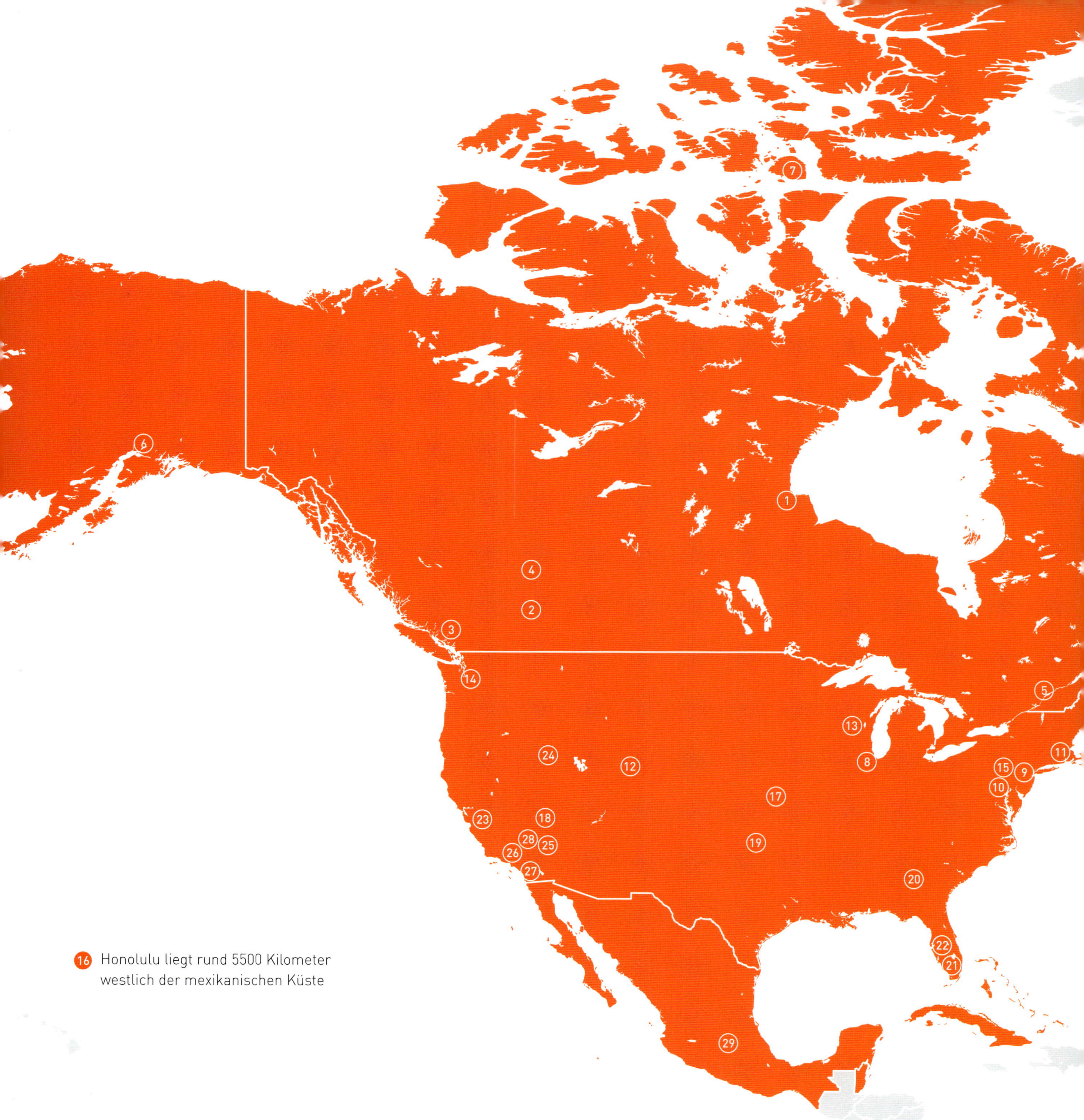

16 Honolulu liegt rund 5500 Kilometer westlich der mexikanischen Küste

NORDAMERIKA

Luftverkehr in Nordamerika
Man könnte den nordamerikanischen Kontinent als Mutterland des öffentlichen Luftverkehrs bezeichnen. Nirgendwo steigt man mit einer solchen Selbstverständlichkeit in ein Flugzeug, um mal eben übers Wochenende in Kalifornien einen Besuch zu machen, nach Massachusetts zum Golf zu fliegen, nach Memphis zu einem Konzert, an den Grand Canyon zum Wandern – oder eben täglich zwischen Washington und New York zur Arbeit zu pendeln. Fast jede größere Stadt hat mindestens zwei Flughäfen, möglichst zentrumsnah. Hunderte von Fluggesellschaften bieten ein dichtes Streckennetz an. Die Wahl der Flugziele folgt den Kräften des Marktes. Hawaii darf zum Beispiel bei keiner Airline fehlen, wenn sie mit den Großen der Branche mithalten will. Über Lockangebote und Dumpingpreise schafft man künstlichen Bedarf. Die Airlines werden den Bedarf bedienen und ihr Streckennetz in attraktiven Regionen verdichten. Besonders um Labor Day, Thanksgiving und Weihnachten ist ganz Amerika auf den Beinen, die Flughäfen ächzen unter dem Ansturm der Passagiere. Dazwischen mischt sich der Luftfrachtverkehr amerikanischer Cargo Airlines. FedEx, UPS, DHL und TNT kommen zusammen auf tausende von Flugzeugen. Und dann gibt es noch den Geschäftsreiseverkehr aus den Stadtflughäfen.

Churchill, Manitoba

ICAO: CYYQ, IATA: YYQ

Churchill liegt am Westufer der Hudson Bay. Die Kleinstadt hat ca. 900 Einwohner, aber eine fast ebenso starke Eisbärenpopulation. In den frühen Wintermonaten sammeln sie sich rund um Churchill und warten auf das Zufrieren der Hudson Bay. Dann erst ziehen sie los zur Jagd auf Robben, jeder für sich alleine. Der Flughafen stammt noch aus Zeiten des Zweiten Weltkriegs. Die United States Army Air Force legte ihn mit Erlaubnis der kanadischen Regierung als **Zwischenlandeplatz** für den Flugzeugtransfer nach Europa an. Im Kalten Krieg diente Churchill Air Base als strategische Basis für Raketentests. Damals lebten noch 7000 Menschen in dem Ort. Heute ist die Hauptsaison in den ersten Novemberwochen, wenn Touristen zu Tausenden einfliegen, um aus speziellen Bussen Eisbären zu beobachten.

Terminals – 1
Passagiere/Jahr – k.A.
Start- und Landebahnen – 07/25 (1219 m); 15/33 (2803 m)
Flugbewegungen/Jahr – k.A.

Calgary, Alberta

ICAO: CYYC, IATA: YYC

Der Flughafen wurde 1939 eröffnet. Während des Zweiten Weltkriegs diente er als Flugschule für Militärpiloten. Gleichzeitig fand jedoch auch ziviler Flugverkehr statt. Als die Region nach dem Krieg immer wichtiger für die Ölindustrie wurde, wuchs auch der Flughafen mit. Gleichzeitig boomte der Tourismus zu den kanadischen Nationalparks. Die Calgary Stampede zieht Jahr für Jahr über eine Million Touristen an. 1988 verkraftete der Flughafen auch die schneereichen **Olympischen Winterspiele** ohne Verzögerungen. Calgary und Vancouver haben diesen olympischen Wintertest bestanden.

Terminals – 2
Passagiere/Jahr – 20 Mio.
Start- und Landebahnen – 08/26 (1890 m); 11/29 (2438 m); 17R/35L (3863 m); 17L/35R (4267 m)
Flugbewegungen/Jahr – 230.000

→ Vancouver, British Columbia

ICAO: CYVR, IATA: YVR

Wie bei so vielen zivilen Flughäfen gab es lange zuvor einen militärischen Hintergrund. Im Fall von Vancouver war es der Ort, an dem die Royal Canadian Air Force während des Zweiten Weltkriegs **130.000** Piloten, Navigatoren, Bomber, Bordschützen, Funker und Flugingenieure für die Royal Air Force, die neuseeländische und australische Luftwaffe ausbildete. Der Hintergrund war, dass dieses Training so weit wie möglich von der Heimatfront wegverlegt sein sollte.

Auch Vancouver hat seinen Härtetest mit den Olympischen Winterspielen bestanden. Wie in der ganzen Stadt sieht man auch im Flughafen überall Hinweisschilder in chinesischer Sprache, denn 27 Prozent der Einwohner sind nun mal chinesischer Abstammung.

Terminals – 3
Passagiere/Jahr – 25 Mio.
Start- und Landebahnen – 08R/26L (3505 m); 08L/26R (2225 m)
Flugbewegungen/Jahr – 350.000

Edmonton

ICAO: CYEG, IATA: YEG

1960 hat man den Flughafen aus der Stadtmitte an den Stadtrand verlegt. Die Schnee- und Eisräumbereitschaft gilt in Kanada als vorbildlich. In den letzten zehn Jahren musste der Flughafen für lediglich drei Stunden geschlossen werden, als ein **schwerer Schneesturm** herrschte. Wie viele kanadische Flughäfen bietet der Airport eine US-amerikanische »Pre-Clearance Facility«, das heißt, der US-Zoll wird bereits vor dem Abflug aus Kanada erledigt. Damit können Flugzeug und Passagiere nach der Ankunft in den USA als Inlandsflug behandelt werden. Für kanadische Airlines hat dies den Vorteil, dass sie bei der Auswahl ihrer Destinationen nicht nur auf Zollflughäfen in den USA beschränkt sind.

Terminals – 2
Passagiere/Jahr – 9 Mio.
Start- und Landebahnen – 02/20 (3351 m); 12/30 (3109 m)
Flugbewegungen/Jahr – 140.000

Montreal »Pierre-Elliott-Trudeau«

ICAO: CYUL, IATA: YUL

Besonders an der Nordostküste des amerikanischen Kontinents waren die Alliierten auf Flugplätze angewiesen, auf denen sie zwischentanken konnten, als sie ihre Truppentransporter und Kampfflugzeuge der verschiedensten Art nach Europa brachten. Montreal Dorval war einer von ihnen. Und natürlich wurde daraus ein ziviler Airport, als der Krieg vorbei war. Das Wachstum war exponentiell. Daher beschloss Premierminister Trudeau 1975, 39 Kilometer außerhalb der Stadt einen neuen Flughafen mit zwei 3600 Meter langen Pisten »auf der grünen Wiese« zu bauen: Montreal Mirabel. Eigentlich sollte mit Inbetriebnahme der alte Airport geschlossen werden. Doch im Laufe der Bauzeit wurden die Flugzeuge leiser, die Reichweiten größer, Zwischenlandungen seltener, der **Protest der Innenstädter nahm ab**, und man sah den stadtnahen Vorteil von Dorval. So erwies sich der neue Flughafen Mirabel als Fehlinvestition. Inzwischen finden dort Autorennen statt, das Terminal wurde 2016 abgerissen.

Terminals – 1
Passagiere/Jahr – 21 Mio.
Start- und Landebahnen – 06L/24R (3353 m); 06R/24L (2926 m); 10/28 (2134 m)
Flugbewegungen/Jahr – 240.000

Anchorage »Ted Stevens«

ICAO: PANC, IATA: ANC

Im kalten Krieg war Anchorage das Drehkreuz nach Fernost. Der kürzeste Weg von Europa nach Ostasien führt eigentlich über die Sowjetunion. Die erteilte aber **keine Überflugrechte**. Der Umweg über Südostasien bedeutete bis zu 24 Stunden Reisezeit, der bei Geschäftsleuten (damals) verhasste Flug mit der Aeroflot bescherte eine Nacht im Moskauer Flughafenhotel. Die günstigste Variante führte daher über Alaska, was sich die Fluggesellschaften teuer bezahlen ließen. Die SAS war die erste Airline, die diese Strecke über den Pol auskundschaftete. Über einen Punkt zu fliegen, von dem aus alle Richtungen nach Süden zeigen, und dann trotzdem noch Anchorage zu finden, war in den Zeiten vor GPS eine Herausforderung! Bei +15 Grad Kompass-Missweisung ist das eine Erfahrung, die man erst einmal machen muss. Mit dem Kollaps der Sowjetunion änderte sich das. Heute spekuliert der Flughafen auf neue Verbindungen mit dem rohstoffreichen Sibirien und mit Sachalin. Anchorage ist auch ein wichtiger Frachtumschlagplatz.

Terminals – 4
Passagiere/Jahr – 13 Mio.
Start- und Landebahnen – 07/25 (3345 m)
Flugbewegungen/Jahr – 280.000

Resolute Bay, Nunavut

ICAO: CYRB, IATA: YRB

Resolute Bay gilt als einer der nördlichsten Flughäfen der Welt. Noch besteht er aus einer **Schotterpiste**, aber die kanadische Luftwaffe plant, sie auf 3000 Meter zu erweitern und zu asphaltieren. Resolute ist 1700 Kilometer vom Nordpol entfernt und könnte in der wachsenden Spannung mit Russland noch zu einem strategisch wichtigen Stützpunkt werden. Bisher war die Basis eher Ausgangspunkt für einsame arktische Survival-Lehrgänge.

Terminals – k.A.
Passagiere/Jahr – k.A.
Start- und Landebahnen – 17/35 (1982 m)
Flugbewegungen/Jahr – k.A.

Chicago »O'Hare«

ICAO: KORD, IATA: ORD

Der Airport mit den sieben Pisten ist einer der größten der Welt. Begonnen hat seine Geschichte während des Zweiten Weltkriegs als Werksflugplatz der Firma Douglas. Danach wurde er umbenannt in Orchard Place Airport. Aus dieser Zeit stammt auch noch der IATA-Code ORD. Bis dahin war Chicagos Hauptflughafen der Midway Airport, der heute noch in Gebrauch ist. Bald nach seiner Eröffnung wurde O'Hare zum verkehrsreichsten Flughafen der Welt. Er ist eine ständige Großbaustelle. Die Pisten werden teilweise so verlegt, dass sie **kreuzungsfrei** sind. Das erhöht die Sicherheit und die Kapazität. Es bedingt aber auch eine neue Konfiguration der Rollwege, Abstellflächen und der Terminals mitsamt ihren Flugsteigen. O'Hare ist das wichtigste Drehkreuz

von United, und ein wichtiger Hub von American Airlines. Außerdem wird der Airport von so ziemlich jeder internationalen Airline der Welt angeflogen. Man kann sich also vorstellen, welch eine Herausforderung das an die Arbeit der Flugsicherung und der Ground Control darstellt. An einem durchschnittlichen Sommertag werden ca. 2600 Flugzeuge abgefertigt. Der Verkehr wird aus drei Kontrolltürmen gesteuert.

Was dabei selten bedacht wird: In den schneereichen Wintermonaten gilt es 21 Pistenkilometer in einer Breite zwischen 46 und 61 Meter, 83 Kilometer Rollwege, und ca. 2 Millionen Quadratkilometer Parkfläche zu räumen. Dafür stehen 223 Schneepflüge und Radlader zur Verfügung, die dann 24 Stunden am Tag im Einsatz sind. Für diesen Flughafen wurde spezielles Räumgerät entwickelt: Schneepflug, Fräse, Bläser und Bürste in einem Fahrzeug. Es bläst 7.500 Tonnen Schnee pro Stunde zwischen 25 und 50 Meter weit zur Seite, während die Trucks mit 50 km/h die Runway entlangfahren.

Terminals – 4
Passagiere/Jahr – 85 Mio.
Start- und Landebahnen – 04R/22L (2461 m); 04L/22R (2286 m); 09R/27L (2428 m); 09L/27R (2286 m); 10R/28L (2286 m); 10C/28C (3292 m); 10L/28R (3962 m)
Flugbewegungen/Jahr – 920.000

New York »LaGuardia«

ICAO: KLGA, IATA: LGA

1929 entstand im New Yorker Stadtteil Queens ein Flugplatz mit dem Namen Curtiss-Wright Field. 1939 benannte man ihn nach dem New Yorker Bürgermeister Fiorello LaGuardia um. Hier startete 2009 der Airbus von US-Airways, der gleich darauf mit den Kanadagänsen kollidierte und erfolgreich auf dem Hudson River aufsetzte.

Terminals – 4
Passagiere/Jahr – 32 Mio.
Start- und Landebahnen – 04/22 (2134 m); 13/31 (2135 m)
Flugbewegungen/Jahr – 380.000

New York »JFK«

ICAO: KJFK, IATA: JFK

1948 gegründet, 1963 einen Monat nach der Ermordung Kennedys umbenannt, steht JFK seitdem als Synonym für das fliegerische Tor zur Welt, für die Faszination Flughafen. Wer über JFK nach New York reist, kommt durch das Hauptportal. Newark (immerhin 40 Millionen Passagiere/Jahr) ist da eher der Lieferanteneingang. JFK ziert die Route Map fast jeder renommierten internationalen Airline, hat zwar nur die Hälfte der Flüge Atlantas, dafür aber mehr Flair. Auch in der Architektur setzt JFK Zeichen: Skidmore, Owings & Merrill (Sears Tower und Jin Mao Tower) entwarfen das Ankunftsgebäude, der Finne Eero Saarinen das futuristische Terminal der einstigen Trans World Airlines TWA. Etwa 1 Million Reisende hatten zwischen 1976 und 2000 das besondere Erlebnis einer Ankunft in New York mit der Concorde. Lediglich die Strecken Paris–JFK und London–JFK erwiesen sich für den Überschalljet als profitabel. JFK fasziniert aber auch die Mafia. 1978 wurde bei einem Raubüberfall auf die Lufthansa, die damals sagenhafte Summe von 5 Millionen Dollar erbeutet. Bei der Verteilung der Beute kam es zu Meinungsverschiedenheiten. Bis 1984 wurden 13 Mitglieder durch den Lucchese-Clan liquidiert. Martin Scorsese drehte den Kinohit »Goodfellas« darüber. Ein Dutzend schwerer Abstürze überschattet die Geschichte des Flughafens.

Terminals – 6
Passagiere/Jahr – 65 Mio.
Start- und Landebahnen – 04L/22R (3682 m); 04R/22L (2560 m); 13L/31R (3048 m); 13R/31L (4428 m)
Flugbewegungen/Jahr – 460.000

Baltimore

ICAO: KBWI, IATA: BWI

Die Region um Washington D.C. hat eine hohe Airport-Dichte. Washington selbst mit Reagan, Dulles und Baltimore/Washington International. BWI ist nach **Fluggastaufkommen** der größte in dieser Metropolregion. Gleich daneben liegen noch die Militärflughäfen Andrews und Dover AFB.

Terminals – 1
Passagiere/Jahr – 28 Mio.
Start- und Landebahnen – 10/28 (3201 m); 15L/33R (1524 m); 15R/33L (2896 m)
Flugbewegungen/Jahr – 270.000

Boston »Logan«

ICAO: KBOS, IATA: BOS

Wenn ein Flughafen an seine nautische Tradition erinnert, dann ist es Boston im Bundesstaat Massachusetts. Boston Logan International wurde nämlich 1923 gleich neben dem Seehafen auf einer **teils künstlich angelegten Halbinsel** an der Atlantikküste eröffnet. Atlantikstürme und Hurrikan-Ausläufer bescheren den Piloten oft schwierige Windverhältnisse, weshalb die sechs Start- und Landebahnen mehr als gerechtfertigt sind. Es ist der wichtigste Flughafen in den Neuenglandstaaten. Seit der Boston Tea Party 1773 hat sich hier einiges getan. Vor 250 Jahren stürmten nämlich aufgebrachte Bostoner Bürger drei Schiffe der British East India Company und warfen 350 Kisten voller Tee ins Hafenbecken. 2019 wurden in Boston 350.000 Tonnen Fracht und 45 Millionen Passagiere ordnungsgemäß umgeschlagen, ohne dass etwas davon im Hafen landete.

Terminals – 4
Passagiere/Jahr – 45 Mio.
Start- und Landebahnen – 04L/22R (2396 m); 04R/22L (3050 m); 09/27 (2134 m); 14/32 (1524 m); 15L/33R (779 m); 15R/33L (3073 m)
Flugbewegungen/Jahr – 430.000

Denver

ICAO: KDEN, IATA: DEN

Als der neue Denver International Airport weit vor den Toren der Stadt gebaut wurde, gab es Bedenken über die Wahl des Ortes, weil das gewählte Areal seit Jahrhunderten der mystische Boden sei, auf dem die Indianer die Ewigen Jagdgründe vermuteten. Stämme der Cheyenne bestatteten hier früher ihre Toten. Aus Rücksicht auf die Gefühle der Indianer und vielleicht auch aus Sorge, dass »böse Geister« eines Tages dem Flughafen doch noch einen schlimmen Streich spielen könnten, besänftigt man die Geister der Verstorbenen mit **indianischer Totenmusik.** Diese wird seit der Eröffnung auf der Fußgängerbrücke zwischen Terminal A und Terminal B 24 Stunden am Tag endlos gespielt. Für das Dach des Flughafens wählte man eine Konstruktion, die den Tipis der Indianer nachempfunden ist. Außerdem bat man Medizinmänner der Cheyenne aus Montana, am Osterwochenende 1995 eine nächtliche Geisterbeschwörungszeremonie rund um den Flughafen abzuhalten. Obwohl die Stadtväter nicht daran glaubten, segneten sie die Reisekosten von 700 Dollar als gut investierte Ausgabe ab. Man kann ja nie wissen.

Der Flughafen ist flächenmäßig der größte in den USA und einer der größten der Welt. Mit 137 Quadratkilometern ist er mehr als doppelt so groß wie die Fläche von Manhattan. Besonders die Piste 16R/34L trägt der Höhe von 1655 Meter ü.d.M. Rechnung. Um die Lufthansa zu überzeugen, einen Nonstop-Service von Frankfurt nach Denver einzurichten, wurden die roten Stopway Lights am Ende der Bahnen versenkt. Mit den dadurch gewonnenen extra 300 m konnte die Lufthansa mit der A340-300 selbst bei sommerlicher Hitze voll beladen die ewigen Jagdgründe wieder verlassen.

Terminals – 1
Passagiere/Jahr – 50 Mio.
Start- und Landebahnen – 07/25 (3658 m); 08/26 (3658 m); 16R/34L (4877 m); 16L/34R (3658 m)
Flugbewegungen/Jahr – 650.000

Oshkosh »Wittman Regional«

ICAO: KOSH, IATA: OSH

Dieser Flughafen hat schon alles gesehen, was fliegen kann: Vom Wright Flyer bis zur Beluga, von der Boeing 747 bis zur Concorde, von der Mustang bis zur Me-109, von der F-117 bis zur B-1. Denn einmal im Jahr ist die einwöchige Air Venture, eine kombinierte Luftfahrtshow mit Messe, Vorträgen und Entertainment. 600.000 Besucher mit 10.000 Flugzeugen werden dabei erwartet. Fluglotsen aus dem ganzen Land bewerben sich darum, in dieser Woche auf dem Tower arbeiten zu dürfen, wenn zehn- bis zwölftausend Flugzeuge an einem Tag einfliegen.

Terminals – 1
Passagiere/Jahr – k.A.
Start- und Landebahnen – 18R/36L (2439 m); 09/27 (1883 m); 05/23 (1127 m); 13/31 (933 m); 18L/36R (1920 m); 15/33 (366 m)
Flugbewegungen/Jahr – 77.000

Everett »Paine Field«

ICAO: KPAE, IATA: PAE

Seit 1936 gibt es diesen Regionalflughafen. Zwischendurch war es die Paine Air Force Base. 1966 gab die Air Force die Basis auf. Das passte in die Pläne der Boeing Company, die gerade ein Gelände suchte, um die 747 zu bauen. Später wurden dort die 767, 777 und 787 montiert. Wegen des **Auslieferungsstopps** für die 737 Max hat man alle Abstellflächen mit dem Ladenhüter vollgestellt, sogar die Mitarbeiterparkplätze.

Terminals – 1
Passagiere/Jahr – 1 Mio.
Start- und Landebahnen – 16R/34L (2746 m); 16L/34R (914 m)
Flugbewegungen/Jahr – 110.000

Philadelphia

ICAO: KPHL, IATA: PHL

1925 wurde das Gelände sieben Meilen im Südwesten der Stadt zur Pilotenausbildung der Pennsylvania Air National Guard zur Verfügung gestellt, erweitert und umgebaut. Ganze elf Kilometer sind es heute vom Rathaus inmitten der Millionenstadt Philadelphia bis zum nächstgelegenen Pistenende des Flughafens. Einst war er das **Drehkreuz** von US Airways, später von American Airlines, Eastern, Trans World und United Airlines. Je nach Wind- und Abflugrichtung kann es laut werden »in the Streets of Philadelphia«.

Terminals – 7
Passagiere/Jahr – 32 Mio,.
Start- und Landebahnen – 08/26 (1524 m); 09R/27L (3202 m); 09L/27R (2896 m); 17/35 (1982 m)
Flugbewegungen/Jahr – 385.000

Honolulu »Daniel K. Inouye International«

ICAO: PHNL, IATA: HNL

Der Flughafen hatte seinen Anfang im Jahr 1925. Als der Verkehr auch zwischen den Inseln immer wichtiger wurde, schüttete man die Korallenbänke auf und baute eine Piste ins Meer. Für den damals aufkommenden Verkehr mit **Flugbooten** baggerte man direkt daneben die Keehi-Lagune aus und richtete einen Flugboothafen mit zwei Wasser-Runways ein. Die Hickam Air Force Base ist mit mehreren Rollwegen und Abstellflächen mit dem zivilen Airport verbunden, sodass das gesamte Bahnensystem mitbenutzt werden kann. Da die Inseln nicht durch einen Fährverkehr miteinander verbunden sind, nutzt man für wenig Geld die heimischen Airlines Hawaiian und Mokulele.

Terminals – 3
Passagiere/Jahr – 21 Mio.
Start- und Landebahnen – 04R/22L (2743 m); 04L/22R (2119 m); 08R/26L (3658 m); 08L/26R (3749 m); 8W/26W – Wasser-Runway (1524 m); 4W/22W (914 m)
Flugbewegungen/Jahr – 300.000

Kansas City

ICAO: KMCI, IATA: MCI

Bei der Planung des Flughafens 1966 wählte man ein Design wie am Flughafen **Berlin-Tegel.** Die Passagiere sollten bei der Anreise fast bis an ihren Flugsteig fahren können. Das Terminal diente auch als Parkhaus. Vom Auto zum Gate waren es nie weiter als 25 Meter Fußweg. Als dann aber die Boeing 747 in Dienst gestellt wurde, und immer mehr Großraumflugzeuge für immer mehr Passagiere den Flughafen nutzten, wurde diese Raumaufteilung zum ernsthaften Problem. Auch die radikalen Sicherheitskontrollen zwischen drängelnden Passagieren verschärften die Schwierigkeiten. Wie in Tegel brauchte jedes Gate seine eigene Security-Schleuse, für Shops und Restaurants war kein Platz mehr. So entschloss sich der Betreiber, den Passagierbereich umzubauen und ein Terminal nach dem anderen abzureißen.

Terminals – 3
Passagiere/Jahr – 12 Mio.
Start- und Landebahnen – 01L/19R (3292 m); 01R/19L (2896 m); 09/27 (2896 m)
Flugbewegungen/Jahr – 125.000

Grand Canyon Airport

ICAO: KGCN, IATA: GCN

1925 gab es an dieser Stelle schon einmal einen Flugplatz. Aber der hat nichts mehr mit der Facility zu tun, die 1965 eröffnet wurde. Nicht nur, dass es die schnellste Art war, den Nationalpark zu erreichen, von hier konnte man einst auch **Rundflüge** buchen, die unterhalb der Felskante durch dieses Naturwunder führten. Das war Nervenkitzel pur, bis … ein Hubschrauber einer DHC-8 in die Quere kam und beide an Ort und Stelle abstürzten. Seitdem wurden strenge Regeln erlassen. 2009 landete hier auch Präsident Barack Obama mit der Air Force One zu einem vierstündigen Besuch mit seiner Familie.

Terminals – 1
Passagiere/Jahr – k.A.
Start- und Landebahnen – 03/21 (2743 m)
Flugbewegungen/Jahr – 110.000

Dallas Ft. Worth

ICAO: KDFW, IATA: DFW

DFW ist von seiner Ausdehnung her nach Denver der zweitgrößte Flughafen der USA, eine eigene Stadt (DFW Airport, TX) mit eigener Postleitzahl und öffentlichem Dienst. Er wurde erst 1974 als damals teuerster Flughafen weltweit für den Passagierverkehr freigegeben. DFW profitierte lange von dem umstrittenen Wright-Amendment von 1979, das die Reichweite der Flüge vom Konkurrenzflughafen Love Field auf die Nachbarstaaten einschränkte. DFW ist **Hauptsitz der American Airlines**. Wie Chicago O'Hare hat der Flughafen drei Kontrolltürme, um den Verkehr zu steuern.

Terminals – 6
Passagiere/Jahr – 65 Mio.
Start- und Landebahnen – 13R/31L (2835 m); 13L/31R (2743 m); 17C/35C (4085 m); 17R/35L (4085 m); 17L/35R (2591 m); 18R/36L (4084 m); 18L/36R (4084 m)
Flugbewegungen/Jahr – 680.000

Atlanta »Hartsfield-Jackson«

ICAO: KATL, IATA: ATL

Auch wenn Statistiken und Prognosen in diesen Zeiten unsicher sind, so war der Hartsfield-Jackson Airport zumindest bis 2018 mit 107 Millionen noch der Flughafen mit dem höchsten jährlichen Passagieraufkommen weltweit. Er hat zwar nur zwei Terminals, dafür aber sieben Flugsteige, 176 Gates, fast 1 Million Flugbewegungen im Jahr und eine verblüffende Attraktivität für die wartenden Fluggäste. Atlanta war zeitweilig der verkehrsreichste Airport der USA. Das Transportsystem ist hocheffektiv. Mit 121 Metern Höhe hat Atlanta den **höchsten Tower** in den USA.

Terminals – 2 + 7
Passagiere/Jahr – 110 Mio.
Start- und Landebahnen – 08L/26R (2743 m); 08R/26L (3048 m); 09L/27R (3776 m); 09R/27L (2743 m); 10/28 (2743 m)
Flugbewegungen/Jahr – 900.000

Miami

ICAO: KMIA, IATA: MIA

Von Panama nach São Paulo über Miami, oder von Madrid über Miami nach Lima. Lange Zeit war MIA das **Drehkreuz** für Südamerika- oder Karibikreisende. Wer in Mittel- oder Südamerika von A nach B wollte, musste häufig den Umweg von einigen tausend Meilen über Florida in Kauf nehmen. Nach dem 11. September wurden jedoch in den USA auch die Transitbestimmungen verschärft. Außerdem gibt es inzwischen viel mehr Direktverbindungen innerhalb Lateinamerikas. Dadurch hat die internationale Bedeutung Miamis erheblich abgenommen.

Terminals – 3 + 7
Passagiere/Jahr – 46 Mio.
Start- und Landebahnen – 08L/26R (3202 m); 08R/26L (2621 m); 09/27 (3962 m); 12/30 (2851 m)
Flugbewegungen/Jahr – 420.000

Tampa

ICAO: KTPA, IATA: TPA

In Tampa Bay hat die **Passagierfliegerei** begonnen. Dort erwarb der Bürgermeister Abe Pheil am 1. Januar 1914 das erste Ticket für den Eröffnungsflug der St Petersburg–Tampa Airboat Line von Saint Petersburg nach Tampa, gesteuert von Tony Jannus. Seitdem hat sich viel getan. Der Peter O'Knight Airport war von 1935 bis zum Bau des heutigen Airports Tampas Hauptflughafen. Da er sehr zentral liegt, wird er gerne für die Geschäftsfliegerei benutzt.

Passagiere/Jahr – k.A.
Start- und Landebahnen – 04/22 (1038 m); 18/36 (819 m)
Flugbewegungen/Jahr – 70.000

San Francisco International Airport

ICAO: KSFO, IATA: SFO

1967 nahm Scott McKenzie eine gefühlvolle, emotionale Ballade auf, die die Stadt San Francisco verherrlichte. Sie wurde zur **Hymne der Hippie-Bewegung**. Der Song wurde sieben Millionen Mal umgesetzt und erschien in 40 Cover-Versionen verschiedener Künstler. »If you're going to San Francisco, be sure to wear some flowers in your hair. If you're going to San Francisco, you're gonna meet some gentle people there.«
Der Song löste eine Bewegung aus, von der die Stadt überrollt wurde. Das Lied wurde in verschiedenen Filmen gespielt und hielt so die Erinnerung an einen Traum am Golden Gate wach. Die erdbebengefährdete Stadt profitierte davon. Der Flughafen wurde bereits 1927 stadtnah angelegt. Besonders nach dem Zweiten Weltkrieg spielten Pan American Airways von San Francisco aus eine wichtige Rolle bei der Versorgung der im Pazifik stationierten Truppen zwischen Hawaii und den Philippinen. Zur Zeit der Hippie-Bewegung wuchs der Verkehr aus aller Welt nach San Francisco an. Noch 2017, also 50 Jahre später, strömten jung gebliebene 70-Jährige in die Stadt, um sich endlich ihren Jugendtraum zu erfüllen. Im Flughafen wird dem mit einem Museum Rechnung getragen, in dem unter 20 Galerien auch psychedelische Kunst gezeigt wird: »When Art Rocked«.

Eine der Pisten war Schauplatz eines schweren Unfalls, als 2013 eine koreanische Boeing 777 zu tief anflog und mit dem Fahrwerk die Uferbefestigung rammte. Von den 307 Passagieren kamen allerdings nur drei ums Leben, alle anderen konnten sich aus dem brennenden Flugzeug retten.

Terminals – 4
Passagiere/Jahr – 58 Mio.
Start- und Landebahnen – 01R/19L (2637 m); 01L/19R (2332 m); 10R/28L (3469 m); 10L/28R (3618 m)
Flugbewegungen/Jahr – 460.000

Salt Lake City

ICAO: KSLC, IATA: SLC

Es begann 1911 mit einer Landepiste und Luftpostflügen. Dann wurde asphaltiert, es entstand eine militärische Flugschule. Bald entwickelte sich auch der zivile Passagierverkehr. Zu den Olympischen Winterspielen 2002 strömten über eine Million Passagiere durch den Flughafen. 2012 wurde beschlossen, die Terminals durch einen Neubau zu ersetzen, der 2024 fertig werden soll.

Terminals – 3
Passagiere/Jahr – 28 Mio.
Start- und Landebahnen – 14/32 (1491 m); 16R/34L (3658 m); 16L/34R (3658 m); 17/35 (2925 m)
Flugbewegungen/Jahr – 345.000

Las Vegas »McCarran International«

ICAO: KLAS, IATA: LAS

Las Vegas hat seinen Flughafen fest im Griff. Die Stadt mit ihren Kasinos, Hotels, Restaurants, Hochzeitskapellen, Swimmingpools, Golfplätzen und Villen ist von allen Seiten bis an den Flughafenzaun gewachsen. Auch die Terminals werden ständig erweitert. Inzwischen hat der Flughafen 104 Gates. Schon vor 20 Jahren beschloss man daher, 50 Kilometer südlich im Ivanpah Valley einen neuen Großflughafen zu bauen. Im Zuge der **Finanzkrise** und des zeitweiligen Rückgangs der Passagierzahlen legte man das Projekt auf Eis.

Terminals – 2
Passagiere/Jahr – 50 Mio.
Start- und Landebahnen – 01R/19L (2979 m); 01R/19L (2739 m); 07R/25L (3208 m); 07L/25R (4423 m)
Flugbewegungen/Jahr – 550.000

D53

Los Angeles

ICAO: KLAX, IATA: LAX

Der Flughafen der Filmmetropole hat ein architektonisch spektakuläres Wahrzeichen. Das Themengebäude stellt eine **fliegende Untertasse** dar (eröffnet 1961). Die 360°-Drehmechanik des Restaurants wurde aber wegen immenser Unterhaltskosten eingestellt. 1997 wurde der Innenraum von Disney Engineering aufwendig neugestaltet. Die Aussichtsterrasse auf dem Dach kann seit 9/11 aus Sicherheitsgründen nicht mehr genutzt werden. Eine Erweiterung der Kapazität des Flughafens ist fast nicht mehr möglich. Dafür gibt es jedoch in der Metropolitan Area von Greater Los Angeles zahlreiche Flughäfen mit Direktverbindungen in die ganze USA, nach Mexiko und sogar nach Hawaii.

Terminals – 9
Passagiere/Jahr – 90 Mio.
Start- und Landebahnen – 06R/24L (3318 m); 06L/24R (2721 m); 07R/25L (3382 m); 07L/25R (3939 m)
Flugbewegungen/Jahr – 710.000

San Diego »Lindbergh Field«

ICAO: KSAN, IATA: SAN

Charles Lindbergh flog 1927 von hier nach New York, um dann als Erster den **Atlantik zu überqueren**. Daher trägt der Flughafen auch den Namen Lindbergh Field. Dass man mit nur einer Piste 25 Millionen Passagiere im Jahr durchsetzen kann, beweist der Flughafen eindrucksvoll. Kein anderer Airport in den Vereinigten Staaten mit nur einer einzigen Runway mitten in der Stadt leistet Vergleichbares. Weltweit übertrifft ihn dabei nur London Gatwick. Allerdings dürfen Maschinen nur von 6:30 Uhr bis 23:30 Uhr starten und landen. Bei etwa 230.000 Flugbewegungen im Jahr bedeutet dies, dass alle 98 Sekunden ein Start oder eine Landung stattfindet. Besucher bewundern die wie an der Perlenkette anfliegenden Maschinen. Beim Anflug einer Boeing 727 kam es 1978 allerdings zu einem tragischen Zusammenstoß mit einer kleinen Cessna. 137 Menschen fanden den Tod.

Terminals – 2
Passagiere/Jahr – 25 Mio.
Start- und Landebahnen – 09/27 (2865 m)
Flugbewegungen/Jahr – 227.000

Victorville

ICAO: KVCV, IATA: VCV

Von 1941 bis 1992 nannte sich diese Anlage George Air Force Base. Phantom-Piloten aller NATO-Staaten wurden dort ausgebildet. Löschflugzeuge wie die umgebaute DC-10 sind hier stationiert, und gelegentlich nutzt auch die US Air Force noch den Flughafen für Transportflüge. Ansonsten wird Victorville als Bone Yard für ausgediente Flugzeuge benutzt, die zum Ausschlachten bestimmt sind. Southwest Airlines nutzte 2019/2020 den Flughafen, um die 737 Max-8 während des Flugverbots zu parken.

Start- und Landebahnen – 17/35 (4587 m); 03/21 (2785 m)
Flugbewegungen/Jahr – k.A.

Mexico City

ICAO: MMMX, IATA: MEX

Der größte **»hot-and-high«**-Flughafen der Welt. Mexico City liegt auf fast 2300 Meter Höhe. Wegen der geringen Luftdichte brauchen größere Flugzeuge dadurch eine längere Strecke zum Abheben. Viele Starts mit Großraumflugzeugen finden deshalb in den kühleren Nachtstunden statt. Mexico City verfügt über zwei fast 4000 Meter lange Runways, die sich viel zu eng nebeneinander in ein dicht besiedeltes Wohngebiet zwängen. Die Enge ist das Hauptproblem des größten Flughafens in Lateinamerika. Die maximale Kapazität von 32 Millionen Passagieren ist längst überschritten, und ein Ausbau ist eigentlich kaum möglich. Konkrete Pläne, einen Ausweichflughafen zu bauen, sind dennoch derzeit nicht in Sicht. So quälen sich pro Jahr 50 Millionen Passagiere durch die Terminals

Terminals – 2
Passagiere/Jahr – 50 Mio.
Start- und Landebahnen – 05R/23L (3900 m); 05L/23R (3952 m); 07R/25L (3382 m); 07L/25R (3939 m)
Flugbewegungen/Jahr – 460.000

1
2
3
4
5
6
7
8
9
10
11
12
13
14
15
16
17
18

ZENTRAL- UND SÜDAMERIKA

Luftverkehr in Lateinamerika

Schon früh im vergangenen Jahrhundert waren deutsche Flugpioniere auf dem lateinamerikanischen Kontinent tätig. Sie gründeten 1919 verschiedene Fluggesellschaften, wie zum Beispiel die SCADTA (Sociedad Colombo Alemana de Transporte Aéreo), aus der schließlich die heutige AVIANCA hervorging. Sie ist damit eine der ältesten Fluggesellschaften der Welt. Helmuth von Krohn flog die erste Junkers F-13 der SCADTA von Barranquilla nach Puerto Colombia. An Bord hatte er 57 Briefe. Es gab noch kaum Infrastruktur in Kolumbien, daher flog man die F-13 mit Schwimmern und landete auf Flüssen in der Nähe der Städte.
Die Lloyd Aereo Boliviano (LAB) operierte zwar unabhängig von der Lufthansa. Es war allerdings kein Zufall, dass sie deutsche Flugzeuge flog, die von deutschen Technikern gewartet wurden. Im Nachbarland Brasilien gab es nämlich seit 1927 die Syndicato Condor (SC). Und die firmierte auch offiziell als eine Tochtergesellschaft der Deutschen Luft Hansa. Das Streckennetz von LAB und SC fügte sich als Zubringer und Verteiler nahtlos an die Südatlantikstrecke der Lufthansa von Deutschland über Afrika nach Rio, Montevideo, Buenos Aires und Santiago de Chile. Die Trans-Südamerika-Route von Rio de Janeiro nach Lima dauerte drei Tage. Die Syndicato Condor flog davon den ersten Teil von Rio nach Corumbá, übergab dann an die LAB für das schwierige Teilstück Corumbá–La Paz, von wo die Deutsche Lufthansa Perú für das letzte Stück nach Lima übernahm. Bedenkt man, dass hier regelmäßig die Andenkette überflogen wurde, dass einige Flughäfen zwischen 3000 und 4000 m hoch liegen, dass keine Navigationsanlagen und kaum Funkverkehr zur Verfügung standen, wird man sich die fliegerische und organisatorische Pionierleistung vorstellen können.

Guatemala City »La Aurora«

ICAO: MGGT, IATA: GUA

Guatemala ist reich an Geschichte und Kultur, leider aber auch an Bürgerkriegen und Militärputschen. Dazu kommen Erdbeben, Hurrikane, Vulkanausbrüche und Schlammfluten. Umso wichtiger ist es, dass im Katastrophenfall eine Versorgung der 3-Millionen-Stadt funktioniert. Der Flughafen ist eine **Lebensader für die Bevölkerung**. Da aber die Stadt um die Piste herumgewachsen ist, lässt sich der Flughafen weder nach Norden noch nach Süden erweitern. Bereits viermal überschossen landende Flugzeuge bei strömendem Regen das Pistenende und krachten in die Häuser. 2020 bekam die Piste deshalb einen neuen Belag und ein neues Befeuerungssystem.

Terminals – 1
Passagiere/Jahr – 3 Mio.
Start- und Landebahnen – 02/20 (2987 m)
Flugbewegungen/Jahr – 100.000

Saba »Airport Juancho E. Yrausquin«

ICAO: TNCS, IATA: SAB

Die Insel Saba gehört zu den niederländischen Antillen. Sie hat 1800 Einwohner, ist bergig und wegen der Korallenriffe bei Tauchern beliebt. Der einzige flache Felsen wurde für einen Flughafen genutzt, der als der gefährlichste der Welt gilt. Die **Piste ist gerade mal 300 Meter lang** und reicht von einer Klippe zur anderen. Erschlossen wurde der Flughafen von dem holländischen Flugpionier Rémy de Haenen, einem Freund von Howard Hughes. Nachdem er auch die Nachbarinsel St. Barth für den Tourismus geöffnet hatte, wagte er 1959 eine Landung auf Saba und bewies, dass das kleine Plateau lang genug ist. Für die Landung benötigt man allerdings eine Sondergenehmigung der niederländischen Luftfahrtbehörde, weshalb sich an beiden Pistenköpfen ein großes X befindet, welches den Flughafen für den öffentlichen Verkehr sperrt. Die Piloten der karibischen Windward Island Airways WINAIR besitzen diese Genehmigung für ihre DHC-6 Twin Otter. Trotzdem – oder gerade deshalb – zählt Saba im Jahr 2500 Landungen und hat ein jährliches Fluggastaufkommen von 20.000 Passagieren.

Terminals – 1
Passagiere/Jahr – 0,02 Mio.
Start- und Landebahnen – 12/30 (303 m)
Flugbewegungen/Jahr – 2500

Port-au-Prince

ICAO: MTPP, IATA: PAP

Wie sehr ein Staat und seine Bevölkerung von einem Flughafen abhängig sein können, sah man 2010 nach dem Erdbeben in Haiti. Während an den Flughafengebäuden und im Tower große Schäden entstanden, blieben Piste und Vorfeld intakt. So konnten **Hilfsgüter** aus der ganzen Welt eingeflogen werden. Beeindruckend war auch der Aufmarsch des US-Militärs unter Präsident Obama.

Terminals – 1
Passagiere/Jahr – k.A.
Start- und Landebahnen – 10/28 (3040 m)
Flugbewegungen/Jahr – k.A.

Nueva botella
eco flex

Tegucigalpa Toncontín

ICAO: MHTG, IATA: TGU

Der Aeropuerto Internacional Toncontín in Honduras' Hauptstadt Tegucigalpa gehört zu den zehn anspruchsvollsten Flughäfen der Welt. Entschärft wurde er ein wenig durch Abtragung eines Hügels im Endanflug, sodass man nun etwas flacher anfliegen kann (3,5°). Außerdem wurde die Piste verlängert. Aber er liegt auf 1000 m Höhe und mit 2100 m Pistenlänge ist die Größe der landenden Flugzeuge limitiert. Mehr als die Boeing 757 oder der Airbus A320 geht nicht. 2008 überschoss ein A320 der TACA das Pistenende, rammte einige Autos und kam vor einem Haus zum Liegen. Es gab Überlegungen, den Verkehrsflughafen auf eine Airbase 65 km vor der Hauptstadt zu verlagern. Aber die Realisierung ging in politischen Unruhen verloren.

Terminals – 1
Passagiere/Jahr – <1 Mio.
Start- und Landebahnen – 07/25 (2163 m)
Flugbewegungen/Jahr – 20.000

Medellín »Olaya Herrera«

ICAO: SKMD, IATA: EOH

Aces Colombia war eine Airline, die ihr Hauptquartier auf dem alten Olaya Herrera Airport hatte, fast in der Stadtmitte von Medellín. Als man 1985 den größeren José Maria Córdova International Airport eingeweiht hat, wurde der Olaya Airport auf Flugzeuge mit 50 Sitzen beschränkt. Die Embraer ERJ-145 von SATENA Airlines ist seitdem das größte Linienflugzeug am Platz. Irgendwie (!) hat es SATENA geschafft, dass die Strecke von Olaya Herrera nach Bogotá SATENA vorbehalten war. Alle anderen Airlines durften die Hauptstadt nur noch vom neuen Flughafen aus anfliegen. Der aber war nicht nur 50 Minuten entfernt, er lag auch **600 Meter höher**. Logischerweise erwies sich für SATENA die Route nach Bogotá vom Olaya Herrera Airport in Medellín als Gelddruckmaschine. Aces Airlines lief Sturm dagegen und argumentierte, es sei unfairer Wettbewerb, dass nur SATENA diese Route fliegen dürfe. 2003 erklärte Aces wegen finanzieller Schwierigkeiten den Bankrott. Das SATENA-Monopol auf der Olaya-Herrera–Bogota-Route ist jedoch bis heute unangetastet. Dabei muss fairnesshalber auch berücksichtigt werden, dass SATENA explizit dafür geschaffen wurde, um aus sozialen Gründen die entfernten, einsamen und unrentablen Regionen des Landes zu versorgen. Destinationen, wie zum Beispiel La Chorrera, La Pedrera, Araracura sind defizitär und müssen deshalb querfinanziert werden. Die Rennstrecken wie Medellín–Bogotá oder Medellín–Cali sollen die Verluste kompensieren. Es ist eben wie im richtigen Leben: Manchmal werden die belohnt, die Gutes tun. Leider nur manchmal.

Terminals – 1
Passagiere/Jahr – 3 Mio.
Start- und Landebahnen – 02/20 (2500 m)
Flugbewegungen/Jahr – k.A.

Bogotá »El Dorado«

ICAO: SKBO, IATA: BOG

Im September 2016 schlossen die kolumbianische Regierung und die FARC-Rebellen nach vier Verhandlungsjahren einen historischen Frieden. Der Rebellenchef bat die Bevölkerung um Vergebung für alles zugefügte Leid. Wichtige Schlüssel dazu waren Abgabe der Waffen, gerichtliche Aufarbeitung, Geständnisse, Einsicht, Reue und im Gegenzug die Straffreiheit. Eine Volksabstimmung unter den 48 Millionen Kolumbianern sollte den Inhalt des **Friedensvertrags** bestätigen. Angesichts der Freude und Begeisterung im Land über das Ende des Terrors galt eine Zustimmung als sicher. Und wieder einmal zeigte sich, dass die direkte Demokratie sehr wohl am Wille des Volkes vorbeigehen kann, denn nur 37 Prozent der Wahlberechtigten gaben ihre Stimme ab. Der Schock im Land war groß, als der Vertrag mit 50,27 Prozent abgelehnt wurde. Es fehlten 61.000 Ja-Stimmen. Die Gegner des Abkommens bestehen darauf, dass den Rebellen weitere Zugeständnisse abgepresst werden. Präsident Santos erhielt damals den Friedensnobelpreis. Das trug dazu bei, dass der Friedensvertrag schließlich doch noch unterzeichnet wurde. Der Weg Kolumbiens in die Normalität steht und fällt mit der Erholung der Wirtschaft. Kokabauern bauen jetzt Blumen an, die neben Kaffee zu den wichtigsten Exportgütern des Landes geworden sind. Im Anflug auf Bogotá sieht man kilometerweit Blumenplantagen. Kolumbien exportiert über den Airport zu 75 Prozent Schnittblumen! Die Hälfte davon geht in die Vereinigten Staaten. Der Flughafen hat mit 600.000 Tonnen im Jahr den größten Frachtumschlag aller lateinamerikanischen Airports.

Terminals – 2
Passagiere/Jahr – 32 Mio.
Start- und Landebahnen – 13L/31R (3800 m); 13R/31L (3800 m)
Flugbewegungen/Jahr – 350.000

Canaima

ICAO: SVCN, IATA: CAJ

Die Angel-Fälle in Venezuela sind mit 979 m die höchsten Wasserfälle der Welt. Jimmie Angel, ein amerikanischer Pilot, entdeckte sie 1933. Als er vier Jahre später versuchte, auf dem Plateau zu landen, wurde sein Flugzeug beschädigt und versackte im sumpfigen Untergrund. Angel und seine zwei Begleiter mussten zu Fuß absteigen. Heute ist die gesamte Region ein Nationalpark mit einer Ausdehnung von 30.000 Quadratkilometern. Die Piste von Canaima ist 45 Kilometer Luftlinie von den Wasserfällen entfernt. Allerdings ist der Tourismus nach Venezuela inzwischen fast vollständig zum Erliegen gekommen.

Terminals – 1
Passagiere/Jahr – k.A.
Start- und Landebahnen – 18/36 (2155 m)
Flugbewegungen/Jahr – k.A.

Caracas »Simón Bolívar«

ICAO: SVMI, IATA: CCS

Tja, was fällt einem zu Caracas und Venezuela ein? Dass es einst das reichste Land Lateinamerikas mit einer quirligen Hauptstadt war? Dass zwei Präsidenten in Folge das Land vor die Wand gefahren haben? Dass die beiden die Ölindustrie bis zur Nichtexistenz zerstört haben? Dass sie das Volk ausbluten? Dass der Staat bis 2018 eine **Inflationsrate** von 65.000 Prozent hatte? So ziemlich jede internationale Airline flog einst Caracas an, sogar British Airways mit der Concorde. Aber so ziemlich jede Airline macht heute einen Bogen um das Land. Der Hauptflughafen von Caracas, Simón Bolívar International Airport, liegt außerhalb der Stadt direkt am Meer.

Terminals – 1
Passagiere/Jahr – 9 Mio. (2010)
Start- und Landebahnen – 10/28 (3610 m); 09/27 (3270 m)
Flugbewegungen/Jahr – k.A.

Quito

ICAO: SEQM, IATA: UIO

Der alte Flughafen in der Stadtmitte hatte 2012 ausgedient. Die Hauptstadt von Ecuador mit drei Millionen Einwohnern hatte ihn umklammert wie Efeu. Außerdem lag er auf 2800 Metern Höhe, was bei vielen Reisenden nach der Ankunft zu Atembeschwerden führte. Der neue Flughafen liegt 15 Kilometer außerhalb und 400 Meter tiefer. Allerdings sind die Landeanflüge besonders während der Sommermonate nicht unproblematisch. Wegen **Scherwinden** mit 30 bis 70 km/h aus verschiedenen Richtungen kommt es oft zu Landungsabbrüchen mit Durchstartmanövern. 2018 wurden im Juni und August insgesamt 159 Landeversuche beim ersten Mal abgebrochen. Teilweise wichen die Maschinen dann auf andere Flughäfen aus.

Terminals – 1
Passagiere/Jahr – 5 Mio.
Start- und Landebahnen – 18/36 (4098 m)
Flugbewegungen/Jahr – 60.000

→ Cusco

ICAO: SPZO, IATA: CUZ

Dieser peruanische Flughafen ist anspruchsvoll. Die Start- und Landebahn weist ein **Gefälle** von ca. 50 Meter in Ost-West-Richtung auf. Er liegt auf 3300 Metern und er ist von Wohnbebauung umschlossen. Bei Abflugrichtung nach Osten hätte man es gleich mit Bergen im Viertausender-Bereich zu tun. Starts erfolgen daher grundsätzlich talabwärts auf Piste 10. Landungen erfolgen nur auf Piste 28 in Richtung Westen. Nach Sonnenuntergang gibt es keine Landungen mehr. Cusco ist geeignet für Flugzeuge bis zur Größe einer Boeing 757. Auch das Höchstabfluggewicht ist begrenzt. Hauptnutzer sind LATAM, Viva Air Perú, Sky Airline und Avianca.

Terminals – 1
Passagiere/Jahr – 4 Mio.
Start- und Landebahnen – 10/28 (3397 m)
Flugbewegungen/Jahr – 40.000

↑ São Paulo »Congonhas«

ICAO: SBSP, IATA: CGH

São Paulo hat gleich zwei Innenstadtflughäfen: Guarulhos und Congonhas. Beide wurden bereits von der 12-Millionen-Stadt einverleibt und umklammert, man müsste immer weiter hinausgehen in die Region, um niemanden zu belästigen. Das wäre aber gar nicht im Sinne der Einwohner. Als man CGH 1985 baute, hagelte es Kritik, er sei viel zu weit von der Stadt weg! Also zogen die Menschen in seine Nähe, und nun liegt er wieder mitten in der Stadt. Und das mit Folgen: 2007 kam eine landende A320 von der Bahn ab, schoss über eine achtspurige Stadtautobahn und **krachte in eine Tankstelle**. 199 Menschen starben.

Terminals – 1
Passagiere/Jahr – 23 Mio.
Start- und Landebahnen – 17R/35L (1939 m); 17L/35R (1435 m)
Flugbewegungen/Jahr – 250.000

Rio de Janeiro »Santos Dumont«

ICAO: SBRJ, IATA: SDU

Auch Santos Dumont ist ein Innenstadt-Airport. Mit dem Namen ehrt man den Franko-Portugiesen Alberto Santos Dumont, der als Luftfahrtpionier nichts ausgelassen hat. Der Flughafen wurde auf eine Landzunge drei Kilometer unterhalb des Zuckerhuts gebaut. Daher ist auch ein normaler ILS-Anflug nicht möglich. Man fliegt also entgegen dem Anflugkurs an, kurvt dann auf den Endanflug ein und sieht zu, dass man noch das Fahrwerk rauskriegt, bevor man möglichst am Beginn der Piste aufsetzt. Von den 1300 Metern Asphalt möchte man nämlich möglichst wenig verschenken, weil am **Ende der Piste das Meer** wartet.

Terminals – 1
Passagiere/Jahr – 10 Mio.
Start- und Landebahnen – 02R/20L (1323 m); 02L/20R (1260 m)
Flugbewegungen/Jahr – 100.000

Avianca

Rio de Janeiro »Galeão«

ICAO: SBGL, IATA: GIG

Da Santos Dumont nicht erweiterbar ist, bot sich elf Kilometer nördlich davon die Ilha do Governador zum Ausbau an. Seit 1945 war dort schon die brasilianische Luftwaffe und nutzte den Flugplatz zusammen mit zivilem Verkehr. Von 1976 bis 1982 war Galeão auch Zielflughafen der Concorde-Verbindung zwischen Paris, Dakar, London und Rio. Das bedeutete einen Prestigegewinn für Brasilien. Im James-Bond-Film »Moonraker« sieht man eine landende Concorde in Galeão. Benannt ist der Flughafen nach Antônio Carlos Brasileiro de Almeida Jobim, dem brasilianischen Musiker, der unter anderem »The Girl From Ipanema« komponierte. In einem weiteren Song »Samba do Avião« besang er den Flughafen, der dann 1999 nicht mehr umhinkam, den Sänger namentlich zu verewigen.

Terminals – 2
Passagiere/Jahr – 16 Mio.
Start- und Landebahnen – 18/36 (4098 m)
Flugbewegungen/Jahr – 125.000

BR
BR AVIATION

Salvador Bahia »Magalhães Internacional«

ICAO: SBSV, IATA: SSA

Der Flughafen heißt offiziell Deputado Luís Eduardo Magalhães Internacional Airport. Die Halbwertzeit dieser Namen scheint nicht sehr hoch zu sein, denn davor hieß er Dois de Julho International Airport. Als er gegründet wurde, benannte man ihn Santo Amaro do Ipitanga Airport. Als er gegründet wurde, benannte man ihn Santo Amaro do Ipitanga Airport. Die größte **Attraktion des Flughafens** ist jedoch die 800 Meter lange Zufahrtstraße. Rechts und links der Allee pflanzte man Bambus, der mittlerweile 12 Meter hoch ist und der Straße im Sonnenlicht einen leuchtenden Tunneleffekt beschert.

Terminals – 2
Passagiere/Jahr – 8 Mio.
Start- und Landebahnen – 10/28 (3003 m); 17/35 (1520 m)
Flugbewegungen/Jahr – 85.000

La Paz

ICAO: SLLP, IATA: LPB

Der Aeropuerto Internacional El Alto ist mit 4061 Meter ü.d.M. einer der höchstgelegenen Airports der Welt. Er bedient die bolivianische Hauptstadt La Paz. Piloten müssen eine zusätzliche Schulung durchlaufen, um ihn anfliegen zu dürfen. Flugzeugbauer aus aller Welt bringen ihre Prototypen hierher, um die **Höhentauglichkeit** zu testen. Aber auch für Passagiere, die in tieferen Regionen leben, ist die Ankunft auf 4000 Metern ohne eine langsame Gewöhnung oft problematisch. Auch für die Routenplaner der Airlines ist es eine Herausforderung, Langstrecken ab der Hauptstadt anzubieten. Durch Einschränkungen bei der Zuladung und die Auflagen, genügend Sicherheitsreserven beim Start zu haben, werden die Maschinen nicht vollgetankt. So ist zwar Gewicht gespart, aber der Sprit reicht gerade mal bis zu den Hauptstädten der angrenzenden Länder. So bildete sich Santa Cruz als zweiter wichtiger Airport Boliviens heraus. Diese Wirtschaftsmetropole liegt in nur 430 Metern Höhe. Zugleich ist Santa Cruz nahe am geografischen Mittelpunkt Südamerikas.

Terminals – 1
Passagiere/Jahr – 12 Mio.
Start- und Landebahnen – 10/28 (4000 m); 10L/28R (Gras) (2050 m)
Flugbewegungen/Jahr – k.A.

Hanga Roa (Osterinsel) »Mataveri«

ICAO: SCIP, IATA: IPC

1964 bauten 80 amerikanische Bauarbeiter die erste Landebahn auf der Osterinsel als Teil einer US-Streitkräftebasis. In den 1980er-Jahren wurde die Piste auf 3300 Meter verlängert, um dem Space Shuttle eine Möglichkeit zur Notlandung im Pazifik zu bieten. Da Mataveri auf der Strecke zwischen Südamerika und Tahiti der einzige Flughafen ist, gibt es von Seiten der chilenischen Flugsicherung stringente Auflagen: Es darf sich immer nur ein einziges Flugzeug im Nahbereich der Osterinsel befinden. Ist ein Flugzeug auf der 3759 Kilometer langen Strecke von Südamerika zur Osterinsel näher als auf der Hälfte des Weges, darf kein zweites Flugzeug in diese Richtung starten. Sollte nämlich das erste Flugzeug nach der Landung auf der Piste liegenbleiben, wäre die einzige Landebahn im Pazifik blockiert. Ein anderes Flugzeug auf dem Weg dorthin hätte dann nicht mehr genug Treibstoff, um sicher wieder zurückzukommen.

Terminals – 1
Passagiere/Jahr – >1 Mio.
Start- und Landebahnen – 10/28 (3300 m)
Flugbewegungen/Jahr – k.A.

Santiago de Chile »Pudahuel«

ICAO: SCEL, IATA: SCL

Der Arturo Merino Benítez International Airport ist unter seinem alten Namen **Pudahuel** bekannter als unter dem des früheren Luftwaffenchefs und Gründers der LAN Airlines, die sich mittlerweile mit der brasilianischen TAM zur LATAM vereinigt hat. Der Flughafen ist Sitz der chilenischen Luftwaffe und hat militärischen und zivilen Verkehr. Die Strecke nach Santiago ist die längste Nonstop-Verbindung zwischen Europa und Südamerika. Madrid, Paris und London sind ohne Zwischenstopp erreichbar. Von hier gibt es auch Verbindungen nach Melbourne, Sydney, Auckland, Papeete und zur Osterinsel.

Terminals – 1
Passagiere/Jahr – 25 Mio.
Start- und Landebahnen – 17R/35L (3800 m); 17L/35R (Gras) (3800 m)
Flugbewegungen/Jahr – 84.000

Montevideo »Carrasco«

ICAO: SUMU, IATA: MVD

Montevideo gilt als einer der kundenfreundlichsten Flughäfen Lateinamerikas. Der Flughafen wird wie viele Airports in Südamerika zivil/militärisch betrieben. Beide Pisten wurden verlängert, um vollgetankten Maschinen **Nonstop-Flüge nach Europa** zu ermöglichen.

Terminals – 1
Passagiere/Jahr – 5 Mio.
Start- und Landebahnen – 01/19 (2250 m); 06/24 (3200 m)
Flugbewegungen/Jahr – 20.000

Ushuaia »Malvinas«

ICAO: SAWH, IATA: USH

Offiziell heißt der Flughafen Aeropuerto Internacional de Ushuaia Malvinas Argentinas. Dass er die Malvinas im Namen trägt, soll den **Besitzanspruch** Argentiniens auf die Falklandinseln unterstreichen. Ushuaia ist nicht nur das Tor zur Antarktis, zu Patagonien und Feuerland, es ist auch der südlichste zivile Airport der Welt. Das Dach des Terminals besteht aus einer offenen Holzkonstruktion, welche dem Flughafen den Flair eines Chalets verleiht. Hier fehlt eigentlich nur noch ein offener Kamin. In Ushuaia starten regelmäßig Antarktiskreuzfahrten. Ganze Jumbo-Ladungen von Kreuzfahrtpassagieren wurden hier angeflogen. Wie es mit Kreuzfahrten weitergeht, wird sich noch herausstellen. Früher brachte sogar die Concorde gut zahlende Passagiere.

Terminals – 1
Passagiere/Jahr – 1 Mio.
Start- und Landebahnen – 07/25 (2914 m)
Flugbewegungen/Jahr – 8000

BILDNACHWEIS

Alle Karten: Fourleaflover – shutterstock.com

2: Günter Wicker; 4: Michael Penner; 6: Konstantin von Wedelstädt; 7 o: cc by Iconographic Collection; 7 u: Lufthansa; 8: Archiv Berliner Flughäfen; 9: Archiv Berliner Flughäfen; 11: Archiv Berliner Flughäfen; 14: Flughafen Düsseldorf; 15: Flughafen München; 16: Andreas Meinhardt, Fraport AG; 18: Flughafen Stuttgart GmbH; 19: Hansueli Krapf; 20: Flughafen Innsbruck; 21 o: Sven Scharr (CC); S. 21 u: Flughafen Zürich; 22: Bildagentur Zoonar GmbH – shutterstock.com; 23: Paedy Flyingboy – shutterstock.com; 24: Paedy Flyingboy – shutterstock.com; 25: London City APT; 26: BAA: 28: Captain_Kangaroo – shutterstock.com; 29: picture alliance/Imagesource RF; 30: Oslo Airport; 30/31: Stockholm Airport; 32: Migro; 33: ©Helsingin kaupunginmuseo,Helsingfors stadsmuseum, Helsinki City museum; 34 + 35: Kastrup Airport; 36: Fyodor Borisov, AirTeamImages; 37: shutterstock.com; 38: picture alliance/ZB/euroluftbild; 40: Gabor Tokodi; 40/41: picture alliance/APA/picturedesk.com; 42 + 43: Aerial-motion – shutterstock.com; 44: Fyodor Borisov, AirTeamImages; 45: depaz – shutterstock.com; 46: Luca Rei – shutterstock.com; 48 + 49: Paris CDG; 50: Mustafa Yalcin/picture alliance/AA; 52: EA Photography – shutterstock.com; 53: Boris-B – shutterstock.com; 54: Aerovista Luchtfotografie – shutterstock.com; 56: SSJ100; 56/57: Oliver Foerstner – shutterstock.com; 60 + 61: Subodh Agnihotri – shutterstock.com; 62: Markus Mainka – shutterstock.com; 64: lital so – shutterstock.com; 65: Ian Lim; 66: picture alliance / imageBROKER; 68: Alisdair Miller; 69: European Space Imaging; 70: picture alliance / AP Photo; 71: picture alliance / AP Photo; 72 o; NASA; 72 u: Leonard Zhukovsky – shutterstock.com; 73: Authentic travel – shutterstock.com; 74: Five-Birds Photography – shutterstock.com; 76: Keaton Howes – shutterstock.com; 77: Pretoria Travel; 78: Grant Duncan-Smith – shutterstock.com; 79: Paul Denton; 82: EQRoy – shutterstock.com; 83: © dpa/Fabrizio Bensch; 84: Asian Dream – iStock; 85: Yercaud Elango; 86: Luvin Yash – shutterstock.com; 87: picture alliance / NurPhoto; 88: Cheevathun46 – shutterstock.com; 90: Sundar Photo – shutterstock.com; 91: Rojen Maharjan– shutterstock.com; 92: shutterstock.com; 94: Michael D Edwards – shutterstock.com; 95: picture alliance/ZB/euroluftbild; 96: Public Domain; 97: monticello – shutterstock; 98: WaitForLight – shutterstock.com; 99: Beijing Daxing International Airport; 100: Tappasan Phurisamrit – shutterstock.com; 101 o: Liang Jie/HPIC; 101 u: Calvinstkm; 102: Cathay Pacific Airlines; 103: EarnestTse – shutterstock; 104 + 105: Kit Leong – shutterstock; 106: EQRoy – shutterstock.com; 108: picture alliance/Westend61; 109: Changi Airport Group; 110: picture alliance / Photoshot; 111: ARNE.MUESELER@GMAIL.COM; 112: 663Highland; 114: Ding Ding; 115: WorldStock – shutterstock.com; 118: hal pand – shutterstock.com; 119: Robert CHG – shutterstock.com; 120: By Tim Lawnicki - CC BY-SA; 121: iofoto – shutterstock.com; 122: Aerometrex – shutterstock; 124: Anna LoFi – shutterstock.com; 125 o: Papahānaumokuākea National Monument; 125 u: US Navy; 128: picture alliance/All Canada Photos; 130: Calgary Airport; 131: Alejandro Erickson; 132: Edmonton Airport; 134: Benoit Daoust – shutterstock.com; 135: Thiago B Trevisan – shutterstock; 136 + 137: Chicago Airport; 138: Redlegsfan21; 139: Joe Mabel; 139: JetBlue Airways; 140: FloridaStock – shutterstock.com; 141: Joseph Sohm – shutterstock.com; 142: Denver Airport; 144: Experimental Aircraft Assn; 145: Thiago B Trevisan; 146: Thomas Barrat – shutterstock.com; 147: NASA; 148: Copyright 2020 The Associated Press. All rights reserved; 149: Eric Salard; 150: Frontpage – shutterstock; 153: Thomas Barrat – shutterstock.com; 154: Miami Airport; 155: quiggyt4 – shutterstock.com; 156: Daniel Lawrence Lu; 157: Doc Searls; 158: Clark County; 160: Markus Mainka – shutterstock.com; 162: FromAbove – shutterstock; 163: picture alliance / newscom; 165: Leonid Andronov – shutterstock.com; 170: Fentener van Vlissingen; 171: US Air Force + US Navy; 172: picture alliance/REUTERS; 174: Markus Mainka – shutterstock; 175: picture alliance / AA; 176: Vadim Petrakov – shutterstock; 177: Ander Aguirre; 178 + 179: Markus Mainka – shutterstock; 180: Leonid Andronov – shutterstock.com; 181: T photography – shutterstock; 183: RIOgaleão; 184: picture alliance/ZB/euroluftbild; 186: Richie Ji – shutterstock.com; 187: Sergey-73 – shutterstock.com; 188: By Aero Icarus CC BY-SA 2.0; 189: Fedaro; 190: Graeme Snow – shutterstock.com; 191: Andreas Fecker

DER AUTOR

Andreas Fecker, Jahrgang 1950, kam auf höchst ungewöhnliche Weise mit der Luftfahrt in Berührung. Im Alter von 21 Jahren flog er als blinder Passagier in einem Frachtflugzeug nach Alaska, ein Abenteuer, von dem er heute energisch abrät. Bei einer anderen Gelegenheit rettete ihm ein Zufall das Leben: Er annullierte einen bereits gebuchten Flug, weil ihm 40 Dollar fehlten. Die betreffende Maschine flog bei Juneau gegen einen Berg. Alle 109 Menschen an Bord starben. Aber Feckers Interesse an der Luftfahrt blieb lebendig, er machte seine Passion zum Beruf und wurde Fluglotse. Im Laufe seines Lebens hat er alle Kontinente dieser Erde bereist und für ein Sammelwerk 250 Fluggesellschaften portraitiert. Seit dem Ende seiner aktiven Dienstzeit gibt er sein umfangreiches Wissen in Dutzenden von Luftfahrtbüchern weiter.

Verantwortlich: Lothar Reiserer
Layout/Satz: GM
Repro: LUDWIG:media
Korrektorat: Wordworms, Berlin
Einbandgestaltung: Lothar Reiserer/Alexander Knoll
Herstellung: Markus Drapatz
Printed in Italy by Printer Trento

★★★★★

Sind Sie mit diesem Titel zufrieden? Dann würden wir uns über Ihre Weiterempfehlung freuen. Erzählen Sie es im Freundeskreis, berichten Sie Ihrem Buchhändler, oder bewerten Sie bei Ihrem nächsten Onlinekauf. Und wenn Sie Kritik, Korrekturen oder Aktualisierungen haben, freuen wir uns über Ihre Nachricht an GeraMond Verlag, Postfach 40 02 09, D-80702 München oder per E-Mail an lektorat@verlagshaus.de.

Unser komplettes Programm finden Sie unter www.geramond.de

Bildnachweis Umschlag:
Umschlagvorderseite: © Flughafen München
Umschlagrückseite: © Andrew Chov; London City Airport; Günter Wicker; Grant Duncan-Smith – shutterstock.com

Die Deutsche Nationalbibliothek verzeichnet diese Publikation in der Deutschen Nationalbibliografie; detaillierte bibliografische Daten sind im Internet über http://dnb.d-nb.de abrufbar.

ISBN 978-3-96453-089-9